Das große Ideenbuch für

Scrapbooking

Das große Ideenbuch für Scrapbooking

Simea Gut

Fotoalben • Keilrahmen • Bastelideen • Grundtechniken

Love • Hochzeit • Baby & Familie • Teens • Nostalgie • Urlaub

OZ creativ

I ve got nothing to give, just a life to live...
Inside outside under my skin
Never ending love I don t know where it begins
I don t know where it ends I don t know how high
I don t know how deep I don t know how wide
Outside inside around the world
Never ending love envelops me like a cloud
I feel you in front I feel you behind
I feel you up above And I feel you at the side
And you, you re all over me you re all over me
Your banner is over me give it all cos
You still captivate me fascinate me
You still captivate me saturate me
In this world I don't belong, but I'm living it.
I've found the words to heaven's song, now I'm singing it
SIMEA JUDITH GUT 2004
Thank you.
thank you
paradise found!

VORWORT

Liebe Leserin, lieber Leser!

Scrapbooking – das kreative Gestalten von Fotoalben ist im Kommen! Vor vielen Jahren in Amerika gestartet, tritt es seinen Siegeszug in die ganze Welt an! Und auch in Deutschland wird die Fangemeinde immer größer! Deswegen haben wir dieses Buch für Sie zusammengestellt, in dem es hauptsächlich darum geht, Ihnen tolle neue Ideen für die Gestaltung Ihres Fotoalbums vorzustellen.

Bestimmt stapeln sich auch bei Ihnen Kartons mit tollen Fotos – die erste Liebe, Hochzeit, Baby, Familienfeste oder Urlaub. Wir haben viele Beispiele herausgesucht, die Sie anregen und inspirieren sollen. Bei der Umsetzung finden Sie neben dem Scrapbooking für Fotoalben auch viele andere neue Gestaltungsideen. Keilrahmen, Mini-Alben, Anhänger oder Grußkarten in Scrapbook-Technik sind nicht nur eine wunderbare Geschenkidee für andere, sondern auch mal für sich selbst.

In diesem Buch haben wir die wesentlichen Grundlagen in Sachen Technik und Materialien erklärt. Wir würden uns freuen, wenn Sie sich von unseren Ideen inspirieren lassen und wünschen Ihnen viel Spaß beim Dokumentieren der Familiengeschichte und vor allem beim kreativen Basteln!

Ihre

INHALT

FAMILIE

FREUNDSCHAFT

MEINE SEITEN

URLAUB

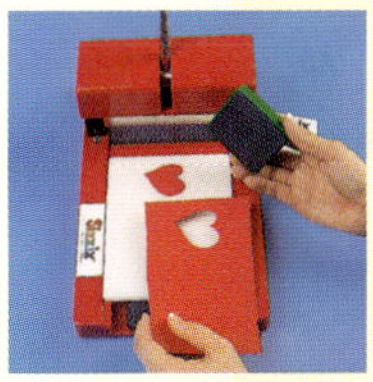

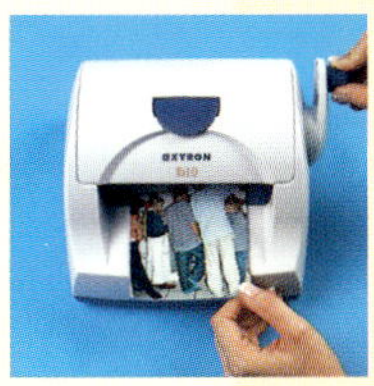

Grundsätzliches

Scrapbooking ist keine Wissenschaft. Aber wie bei jedem Hobby gibt es einige wichtige Grundlagen, die man kennen sollte, damit alles gut gelingt. Bevor es deshalb losgeht, mit dem kreativen Gestalten, möchten wir Ihnen einige elementare Prinzipien erklären.

„Scrapbooking" ist ein Begriff aus dem Amerikanischen und heißt wörtlich übersetzt „Schnipselalbum". Ursprünglich wurden ausschließlich Reste von anderen Bastelarbeiten verwendet. Heute sind Scrapbooking-Materialien ein ständig wachsender Geschäftszweig.

Was ist Scrapbooking?

Vom Scrapbooking spricht man, wenn wertvolle Erinnerungen in einem Buch festgehalten werden. Es ist also eine Art Tagebuch, in dem Fotos, aber auch z. B. Prospekte, Fahrkarten, Stadtpläne und Handschriftliches liebevoll zusammengestellt werden. Schon seit langer Zeit ist das Scrapbooking vor allem in den USA eines der größten gestalterischen Hobbys. Daraus hat sich ein ganzer Industriezweig entwickelt, der sich der Verschönerung von Fotoalben widmet. Inzwischen wird auch auf dem „Alten Kontinent" das Scrapbooking immer beliebter und so manch schnödes Fotoalbum mausert sich zum kreativ gestalteten Schmuckstück.

Übertragbare Prinzipien

Scrapbooking ist anders als normales Basteln. Hier gibt es keine Vorlagen, an die man sich halten muss und die das gewünschte Ergebnis garantieren. Denn das Hauptmaterial, die Fotos, sind so individuell und verschieden, dass ein Nachbasteln der Modelle nicht sinnvoll ist. Es geht also darum, dass Sie sich einfach von den vorgestellten Seiten inspirieren lassen. Holen Sie sich Anregungen und lassen Sie Ihrer eigenen Fantasie freien Lauf. Sie werden überrascht sein, wie viel kreatives Potenzial in Ihnen steckt!
Natürlich gibt es einige grundsätzliche Prinzipien. Hier die wichtigsten davon in Kurzform:

• Alles ist erlaubt, was die Fotos unterstützt. Ahmen Sie nach, wie Sie wollen, das Ergebnis wird immer ein anderes sein.

• Ein eigener Scrapbooking-Stil entwickelt sich fast von allein aus den Farben und Materialien, die Ihnen liegen und mit denen Sie gerne arbeiten. So macht es auch am meisten Spaß.

• Inspirationen gibt es in entsprechender Fachliteratur oder im Internet, aber auch in Wohnzeitschriften (Farbzusammenstellungen), Reklameblättern (Seitenaufbau) und beim Einkaufen z. B. im Baumarkt, in Kurzwarenhandlungen oder in Bastelfachgeschäften.

• Resteverwertung ist möglich: Bänder, Spitze Knöpfe, Metallteile – alles kann man beim Scrapbooking verwenden, solange es säurefrei ist.

Was ist Säurefreiheit?

Fotoalben sind etwas sehr Wertvolles, weil sie voller Erinnerungen stecken. Aber wie viele verblichene Fotos befinden sich in vielen Alben? Woher kommt das? Fotos sind leichte Opfer für Säure und Lösungsmittel – und beides ist leider in den Materialien, mit denen wir arbeiten, enthalten: in Papier und Klebstoff. Achten Sie deswegen unbedingt auf Säurefreiheit. Alle Scrapbook-Papiere und Alben sind ungefährlich. Bei herkömmlichen Papieren lieber nachfragen bzw. mit einem Säureteststift testen. Ganz wichtig: Nie Leder, Münzen oder Holz verwenden. Diese stark säurehaltigen Materialien sind der sichere Tod Ihres Lieblingsfotos.

Welches sind die Besonderheiten von Mini-Alben?

Mini-Alben sind schnell gemacht, schön anzusehen, praktisch zum Mitnehmen und deswegen auch tolle Geschenke. Von der Herangehensweise ist es am Anfang eine Umgewöhnung, da viel weniger Platz zur Verfügung steht. Aber dafür kann man mit einer Hand voll Materialien tolle Ergebnisse erzielen. Grundsätzlich ist es besser, mit nur einigen wenigen Materialien zu arbeiten, die man im ganzen Album benutzen möchte. Das sind beispielsweise zueinander passende Papiere und Bänder sowie Werkzeuge und Dekoelemente wie Motivlocher, Ösen oder Sticker. Wenn Sie im ganzen Album auch die Akzente durchgehend setzen, wirkt das schön einheitlich. Außerdem sparen Sie Zeit, weil sich Arbeitsschritte bündeln lassen: zuerst alle Fotos suchen, dann die Papiere zusammenstellen. Nun vorschneiden, die Accessoires platzieren und evtl. Texte schreiben. Zum Schluss alles anordnen und festgekleben. So lässt sich an einem Abend ein ganzes Album fertig stellen.

Arbeiten mit Keilrahmen

Nur in Alben scrappen ist längst passé – Scrapbooking auf Keilrahmen ist der neueste Trend in den Bastelzimmern! Kein Wunder, denn so individuell gestaltete Kunstwerke machen sich an jeder Wand gut. Von der Herangehensweise ist der Unterschied zum herkömmlichen Scrapbooking nicht gravierend. Deshalb können Sie alle hier vorgestellten Keilrahmen-Modelle auch genauso gut als Albumseiten betrachten oder die Albumseiten auf einen Keilrahmen übertragen.

Freude am Gestalten
Das Wichtigste beim Scrapbooken ist, dass es Spaß macht. Verwenden Sie deshalb nur Materialien, die Ihnen angenehm sind und die Sie gerne in Händen halten. Gleiches gilt für gern benutzte Techniken. Stehen Sie zu Ihren Vorlieben – Ihre Scrapbook-Seiten werden es Ihnen danken!

Design-Grundlagen

Beim Scrapbooking ist es wichtig, einige gestalterische Grundregeln zu beachten. Denn das Ziel ist ein ansprechendes Layout, welches den Betrachter in seinen Bann zieht. Dafür muss es in sich schlüssig und ausgewogen sein.

Wenn die Fotos farblich nicht zueinander passen, dann lassen Sie die Bilder doch einfach schwarz-weiß entwickeln. Das macht jedes Fotogeschäft. Auf einigen Websites können Sie Ihre Digitalfotos auch gleich selbst entsprechend bearbeiten und sich die Abzüge dann zuschicken lassen (z. B. www.kodakgallery.de).

Wo soll was hin?

Wenn Sie einige Tricks kennen, dann brauchen Sie nach dem besten Platz für ein Element (z. B. Foto) nicht lange zu suchen. Jedes gute Layout hat einen Hingucker, und das sollte das zentrale, aussagekräftigste Foto sein. Um die Aufmerksamkeit des Betrachters darauf zu lenken, kann man es vergrößern, verzieren, hinterlegen, in eine bestimmte Form schneiden oder einrahmen. Fotografen arbeiten oft nach der Drittel- und der Z-Regel.

Die Drittel-Regel

Bei der Drittel-Regel teilt man das Bild/Layout in Gedanken vertikal und horizontal so, dass neun Rechtecke entstehen. Die wichtigsten Seitenelemente sollten Sie nun an den Schnittstellen der Linien platzieren, da der Betrachter dort als erstes hinsieht.

Die Z-Regel

Das Auge wandert beim Betrachten eines Bildes immer von der linken oberen Ecke über die Mitte nach rechts, dann diagonal nach links unten und weiter bis in die Ecke rechts unten. Diesen z-förmigen Verlauf können Sie nutzen, indem Sie die Elemente ihrer Priorität entsprechend so anordnen.

Flächen gezielt einsetzen

Wenn Sie eine der oben genannten Regeln einhalten, dann haben Sie schon ein Grundlayout, das besonders Anfängern den Seitenaufbau erleichtert. Fortgeschrittene Scrapbooker versuchen, mit den Regeln zu spielen. Die beste Möglichkeit eine optimale Seite zu gestalten ist ganz einfach: Ausprobieren! Verschieben Sie die Elemente so lange, bis Sie zufrieden sind. Wichtig ist dabei, dass Sie die Fläche ausnutzen. Das bedeutet nicht, dass jedes Plätzchen gefüllt werden muss. Im Gegenteil, oft ist eine leere Fläche genauso aussagekräftig wie eine gefüllte und hilft außerdem das gestalterische Gleichgewicht zu halten. Manchmal ist es auch sinnvoll, eine Seite gedanklich in gleich große Flächen zu teilen und diese dann zu füllen.

Mit Farben arbeiten

Farben können auch als Design-Element eingesetzt werden, denn:

- Sie wecken Emotionen!
Manchmal möchte man ein Gefühl erzeugen, welches mit bestimmten Farben in Verbindung gebracht wird. Kräftige Farben beispielsweise machen glücklich, Jahreszeiten haben bestimmte Farben, Rosa für Mädchen, Blau für Jungen … All das sind Assoziationen, die Sie beim Gestalten einer Seite nutzen sollten.

- Sie unterstützen Fotos!
Wenn man schon eine intensive Farbwirkung auf den Fotos hat, kann man diese mit starken Farben (monochromatisch oder z. B. gegenüberliegende Farben im Farbkreis) unterstützen. Für ein Schwimmbad-Layout beispielsweise sind Blau- und Türkistöne perfekt. Auch wenn diese Farben auf den Fotos schon oft vorkommen.

- Sie fangen Farbprobleme des Fotos auf!
Dunkle Fotos auf dunklem Hintergrund können nicht wirken. Mit hellen Materialien dagegen kommen sie richtig zur Geltung.

Wichtige Grundregeln

Noch einige Tipps, die Sie beachten sollten:

- Doppelseitige Layouts wirken besser, da das Auge zwei nebeneinander liegende Seiten immer als Einheit aufnimmt – warum also nicht gleich entsprechend gestalten?

- Hinterlegungen (Rahmen) helfen dabei, ein Foto auf einer Seite hervorzuheben. Das ist besonders wichtig bei gemustertem Papier oder

Farbgrundlagen

Monochromatisch – Mit diesem Schema ist am einfachsten zu arbeiten. Es bedeutet, dass eine Farbe mit ihren verschiedenen Abstufungen eingesetzt wird. Das wirkt in sich geschlossen und harmonisch.

Analog – Auf dem Farbrad liegen immer zwei Farben neben einer Farbe (z. B. Rot und Gelb liegen neben Orange). Diese Farben ergänzen einander deswegen sehr gut, weil sie farbverwandt sind. Zu viele Farben sollte man aber nicht benutzen, da das Layout sonst zu unruhig wirken könnte.

Komplementär – Komplementäre Farben stehen sich im Farbrad genau gegenüber (Rot – Grün, Gelb – Blau, Grün – Orange etc.) und haben eine jeweils entgegengesetzte Wirkung.

Dreiklang – Das sind die Farben im Farbkreis, die genau gleich weit voneinander entfernt stehen. Kombiniert erzeugen sie eine große Spannung, da ihre Zusammenstellung zwar ungewöhnlich, aber dennoch sehr ausgewogen ist. Man sollte aber darauf achten, dass eine Farbe dominiert.

Ein Farbrad ist bei der farblichen Gestaltung einer Albumseite eine große Hilfe. Es gibt sie preiswert im Fachhandel zu kaufen.

auch dann, wenn das Foto dem Hintergrund farblich sehr ähnlich ist.

- Wiederholung ist ein wichtiges Prinzip beim Scrapbooking: Wiederholen Sie alle verwendeten Elemente – am besten auf der gegenüberliegenden Seite. Es wirkt in sich ruhiger, wenn beispielsweise eine Papiersorte mehrere Male verwendet oder eine Verzierung mehrfach gesetzt wird. Ideal sind Wiederholungen in ungerader Zahl. Mit drei gleichen Elementen beispielsweise lässt sich der Blick wunderbar durch ein Layout lenken. Dopplungen sollten Sie besser vermeiden.

- Gut ist es auch, wenn die Seitenelemente sich gegenseitig berühren. Besser noch: überlappen. So wirken die Elemente nicht als Einzelstücke sondern in ihrer Gesamtheit und geben einander optischen Halt. Dann sieht es auch nicht so aus, als fliegen Fotos oder Texte einfach so durch die Seite.

- Titel wirken spannend, wenn sie mit verschiedenen Materialien gestaltet werden. Verwenden Sie beispielsweise Metall, Aufkleber oder Rub-ons für einzelne Buchstaben oder auch für ganze Wörter.

- Brechen Sie aus starren Mustern aus. Wenn ein Layout z. B. nur aus Kästen besteht, dann passt ein Kreis sehr gut dazu. Oder ist ein Layout streng symmetrisch ausgerichtet, dann können lockere Verzierungen Wunder wirken. Ein Layout sollte bewusst aufgelockert werden.

Farbmengen
Wenn ein Layout ausgewogen sein soll, dann ist es sehr wichtig, dass die Farben auch in der richtigen Menge eingesetzt werden. Die Faustregel lautet: Der Anteil der Hauptfarbe sollte 50 bis 60 Prozent betragen, zu 30 bis 40 Prozent sollte die zweite, und zu 10 bis 20 Prozent die dritte Farbe vertreten sein.

© Making Memories

Materiallexikon

Neben den Fotos sind die wichtigsten Materialien beim Scrapbooking ein Papierschneidegerät, säurefreier Fotokleber und säurefreies, doppelseitiges Klebeband, verschiedene Papiersorten und Kartons. Außerdem bieten sich Acrylfarben, Tacker, Computer und Nähmaschine an. Bei der Wahl der Verzierungen sind der Fantasie keine Grenzen gesetzt.

Papierkits

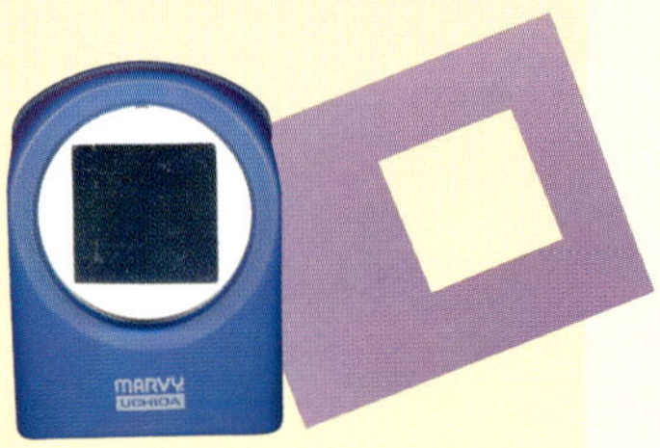

Motivlocher

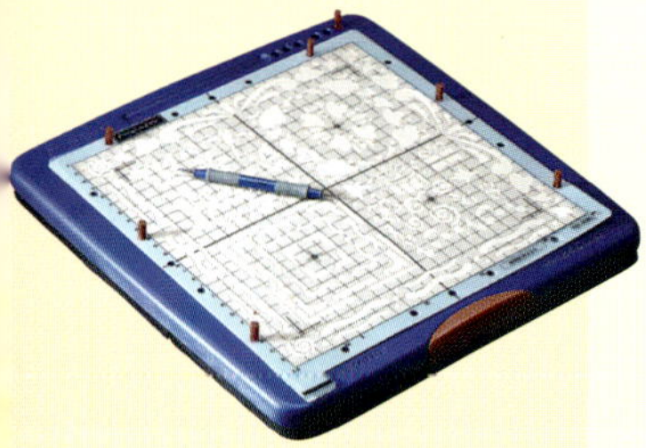

Embossinggerät

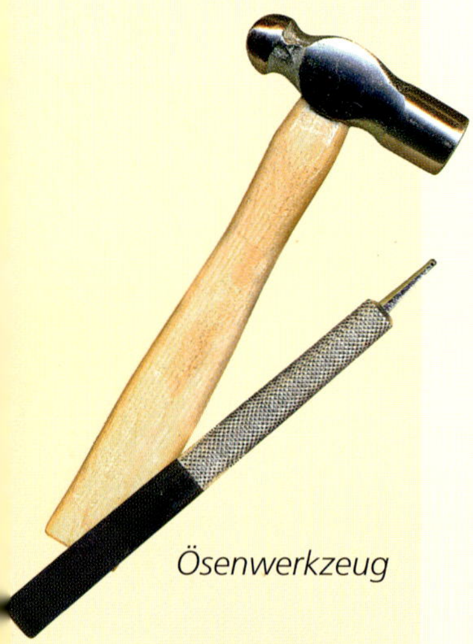

Ösenwerkzeug

Acrylfarben

Papiere

Architektenpapier/Vellum

… ist einfarbiges, säurefreies und leicht durchsichtiges Papier (auch Transparentpapier), das man auch mit dem normalen PC-Drucker bedrucken kann. Es gibt auch Transparentpapiere mit Mustern.

Gemustertes Papier/Scrapbook Papier/Patterned Paper

… gibt es in allen nur erdenklichen Farben und Stilrichtungen – ob man es lieber blumig mag oder ganz modern, für jeden gibt es das passende Papier. Einfach mal stöbern! Manche Hersteller bieten inzwischen auch ganze Blöcke mit zueinander passendem Papier, so genannte Scrap Pads, an. Scrap Pads sind praktisch und im Vergleich auch günstig.

Karton/Cardstock

… gibt von einigen Firmen säurefrei, aber das sollte immer geprüft werden. Spezielle Anbieter von Scrapbooking-Material bieten den so genannten Cardstock an. Dieser ist garantiert säurefrei und deswegen einfach sicherer. Auch die Auswahl an verschiedenen Farbvarianten ist recht groß.

Papierkits

… sind aufeinander abgestimmte Papierserien, die gleich mit den passenden Stickern, Aufklebern etc. erhältlich sind. Das langwierige Zusammensuchen und aufeinander Abstimmen von Material entfällt. Papierkits sind also die erste Wahl, wenn es mal schnell gehen muss!

Werkzeug

Distressing Kit (von Making Memories)

… ist eine Zusammenstellung von Arbeitsmaterialien, mit denen man Materialien künstlich „altern" lassen kann. Das passt besonders zum „Shabby Chic" oder „Vintage-Stil". Das Kit erhält vom Schleifklotz bis zum Schmirgelpapier alles, was man dafür braucht.

Embossinggerät/Scrapboss (von Fiskars)

… wird zum Prägen von Papier verwendet. Eine genaue Anleitung, wie der Scrapboss funktioniert, finden Sie auf Seite 20.

Formenschneider/Shape Cutter (von Fiskars)

… ist ein Schneidegerät für besondere Formen. Es gibt passende Motivschablonen, in die man den Formenschneider einsetzt und dann einfacher ausschneidet, als beispielsweise mit einer Schere oder einem Cutter.

Foto-Klebe-Pads

… sind spezielle doppelseitige Klebestückchen, die es von verschiedenen Herstellern in Drogeriemärkten oder Fotofachgeschäften gibt. Praktisch ist der Klebe-Pads-Roller von Herma, da die Plättchen damit automatisch auf das Papier geklebt werden.

Layoutschablonen

… sind besonders für Anfänger gut geeignet, da sie anzeigen, wo welche Seitenelemente platziert werden können. Es gibt sie in verschiedenen Ausführungen und sie dienen der Technik des Farb-Blockings, bei der verschiedene Bereiche einer Seite nacheinander aufzufüllen sind.

Motivlocher/Punches

… sind Geräte, mit denen man Motive aus Papier oder Foto ausstanzen kann. Die Auswahl an Größen und Motiven ist groß.

Ösenwerkzeug

… besteht aus einem Gerät zum Lochen, eines zum Umbiegen der Ösen und einem kleinen Hammer. Wie Sie damit arbeiten, lesen Sie auf Seite 19.

Quickutz
... ist ein Handstanzgerät für viele verschiedene Motive und Schriften. Es ist einfach in der Handhabung und aufgrund seiner Größe gut zu transportieren.

Schneidegerät/Paper Cutter
... ist das wichtigste Arbeitsgerät. Es gibt Schneidegeräte in den verschiedensten Ausführungen. Es lohnt sich vor dem Kauf zu vergleichen, um das für Sie passende Gerät zu finden.

Sissix (von Kars)
... ist ein Stanzgerät für viele Motive und einige Alphabete. Wie das Stanzgerät funktioniert, erfahren Sie auf Seite18.

Stempel
... sind vielseitig einsetzbar und gehören zur Grundausstattung eines jeden Scrapbookers. Besonders geeignet sind Alphabetstempel oder Stempel mit Formen wie Blumen, Herzen etc.

Zierrandscheren
... sind Scheren, die verschiedene schöne und gezackte Ränder schneiden.

ZipeCut
... sind die zur ZipeMate passenden Musterelemente zum Prägen oder Stanzen. Es gibt sie in unterschiedlichsten Grundformen, Motiven und Schrifttypen.

ZipeMate
... ist ein Stanz- und Embossgerät, ähnlich wie Sissix, mit vielen tollen Schablonen. Mit dem ZipeMate können Sie stanzen und prägen. Die Stanzteile werden „Dies" genannt.

Verzierungen

Acrylfarben (von Marabu)
... sind perfekt, um Papier, Verzierungen und Keilrahmen eine ganz besondere Note zu geben. Acrylfarben sind säurefrei.

Anhänger/Tags
... sind Anhänger in den verschiedensten Formen, Farben und Materialien.

Bänder
... sind der neueste Scrapbooking-Trend. Sie sind grundsätzlich säurefrei (wie alle Stoffe) und tolle Accessoires zum Verzieren.

Briefklammern/Brads
... gibt es in verschiedenen Formen, Farben und Größen. Besonders schön sind die antik wirkenden „Dekorative Brads".

Chipboard
... ist ein dickerer Karton. Liegt absolut im Trend, da dreidimensional, wirkungsvoll und trotzdem günstig. Aus Chipboard gibt es unterschiedlichste Formen oder auch Monogramme.

Fibers (dt. Schnüre)
... sind Wollfäden und Garne, welche zum Verzieren von Scrapbookseiten verwendet werden. Ähnlich wie Bänder eignen sie sich gut zum Anhängen, Verbinden und Dekorieren verschiedenster Elemente.

Ösen/Eyelets
... sind in verschiedenen Größen, Farben und Formen erhältlich. Sonderformen sind Snaps, das sind Ösen mit „Deckel".

Monogramme
... sind überdimensional große Anfangsbuchstaben, die es in Form von Stickern, Die Cuts oder Rub-ons gibt.

Rub-ons
... sind Bilder oder Alphabete zum Aufrubbeln. Es gibt sie in verschiedenen Stilrichtungen. Sie sind nicht nur wirkungsvoll, sondern auch praktisch, da sie auf beinahe jedem Untergrund haften. Wie Rub-ons angebracht werden, lesen Sie auf Seite 22.

Sticker
... es gibt sowohl Motiv-Sticker, als auch Alphabet-Sticker. Beide sind ganz einfach zu handhaben und sorgen für schnelle Erfolgserlebnisse. Viele Firmen haben inzwischen auch dreidimensionale Sticker ins Programm aufgenommen.

Zierschmuck/Embellishments
... umfasst kleine Metall-, Plastik oder Stoffteile zu unterschiedlichen Themen, z. B. Blüten, Buchstaben, Anhänger, kleine Büroutensilien etc. Kleine Anhänger aus Metall werden auch als Charms (Verzierungen) gehandelt.

Bänder

Brads

Monogramme

Rub-ons

Zierschmuck

Der Embellishments-Markt wächst und ständig gibt es etwas Neues. Es lohnt sich immer, die Augen offen zu halten. Nicht nur im Bastelfachgeschäft.

In sechs Schritten zur Scrapbook-Seite

Die in diesem Buch abgebildeten Scrapbook-Seiten folgen alle einigen grundsätzlichen Gestaltungsprinzipien, die anhand des folgenden Beispiels erklärt werden. Nach diesem Muster bekommen auch Scrapbook-Neulinge mit wenig Übung ein perfektes Ergebnis!

Stil-Frage
Natürlich können Sie sich von anderen Bastelarten inspirieren lassen, aber Sie sollten dabei darauf achten, Ihren eigenen Stil zu entwickeln. Es ist nämlich wunderbar, wenn Menschen Ihre Seiten wiedererkennen, weil sie so besonders sind.

1. Bilder aussuchen

Suchen Sie die besten Schüsse aus einer Fotoserie heraus und denken Sie dabei immer daran, dass nicht jedes Bild aus einer Serie einen Platz auf der Seite finden muss.
Definieren Sie das Hauptbild und vergrößern oder umrahmen Sie es. Der beste Platz für das wichtigste Bild ist links oben. Dann überlegen Sie sich, welches das zweitwichtigste Bild ist – dieses wird nun links unten platziert. So wird der Blick des Betrachters automatisch durch die ganze Seite gelenkt (Leserichtung!)
Dieses Prinzip gilt, ganz gleich, ob man Einzelseiten, Doppelseiten oder Keilrahmen gestaltet – es wirkt immer.

2. Papiersorten finden

Wenn Sie passende Papiere und Karton herausgesucht haben, dann denken Sie noch einmal über die gewünschte Aussage nach. Überlegen Sie, ob und wie Ihre Idee durch das Papier unterstrichen wird.
Achten Sie auf Farbe und Konsistenz der Papiere. Probieren Sie ruhig auch verschiedene Farbkombinationen aus, bevor Sie sich entscheiden.
Es können dominante Farben aus den Bildern aufgegriffen werden, aber auch symbolische Farben (Rosa für etwas Zartes, Blau-weiß für Sommer u. Ä.) gewählt werden. Häufig ist es auch geschickt, mit verschiedenen Papiersorten in mehreren Schichten zu arbeiten. Durch unterlegte Papiere, die z. B. mehrere Elemente berühren, lassen sich wunderbar eine optische Verbindung schaffen und ein einheitlicher Gesamteindruck erzielen.
Machen Sie beim Papier keine Kompromisse. Sie werden sich nie mit einer Seite anfreunden können, auf der Sie unpassendes Papier verbastelt haben.

3. Technik auswählen

Bestimmen Sie die Technik, mit der Sie die Seite gestalten wollen, bevor Sie anfangen. Sie haben z. B. die Wahl zwischen Stempeln, Embossen Stanzen, Reißen, Malen, Nähen, Sticken. Die verwendeten Techniken geben der Seite auch ein ganz spezielles Gefühl (romantisch, verspielt, edel ...). Wenn Sie etwas mehr Übung haben, können Sie natürlich auch mehrere Techniken auf einer Seite verwenden.
Achten Sie bei den Fotos darauf, dass Sie abdecken oder radikal wegschneiden, was im Bild von der Kernbotschaft ablenkt. Denn nicht vergessen: Die Fotos sind das, worum es hier eigentlich geht!

Weniger ist mehr

Nehmen Sie zum Gestalten Ihrer Seite lieber nur wenige und dafür wirklich die allerbesten Fotos – denn nichts ist so mühsam wie der Versuch, möglichst viele Bilder auf einer Seite unterzubringen. Machen Sie keine Kompromisse. Wenn Sie ein Foto nicht überzeugt, dann lassen Sie es lieber weg. Trauen Sie sich ruhig auch kurz vor dem Ziel, Fotos auszusortieren. Wagen Sie es auch in diesem Schritt noch, Elemente wegzulassen. Manchmal merkt man erst am Ende, dass ein Foto einfach nicht auf die Seite passt, obwohl es bereits liebevoll zurechtgeschnitten ist. Wenn Sie das feststellen, das Foto lieber weglassen. Daraus können Sie immer noch eine Karte basteln!

4. Text einsetzen

Verfassen Sie einige ganz persönliche Zeilen zum Thema der Seite. Halten Sie die wesentlichen Daten und Ereignisse fest (wer, wann, was, wo, warum?) und scheuen Sie sich nicht, auch Ihre Gefühle mitzuteilen.

Texte lassen sich gut verstecken, wenn sie nicht für jedermanns Augen gedacht sind. Sie müssen auch nicht immer ausformuliert sein, manchmal reichen Stichworte, ein Spruch, ein Gedicht, ein Liedtext ... Überlegen Sie sich, wo der Text stehen soll und ob Sie ihn von Hand oder lieber auf dem Computer schreiben und ausdrucken möchten. Außerdem müssen Sie natürlich immer einen aussagekräftigen Titel für Ihre Seite formulieren.

5. Elemente platzieren

Jetzt können Sie alle Elemente auf der Seite verteilen und erst einmal hin oder her schieben, bis sie ihren endgültigen Platz gefunden haben. Probieren Sie verschiedene Varianten, denn die richtige Position kann den Charakter einer Seite grundlegend verändern.

Achten Sie bei Doppelseiten auf ein ausgewogenes Verhältnis der Elemente und haben Sie keine Angst vor freien Flächen. Oft kann man sich gut an anderen Beispielen orientieren.

Kleben Sie die Fotos erst fest, wenn Sie wirklich zufrieden sind (oft ist es besser, damit bis zum Schluss zu warten). Lassen Sie Ihre Seite ruhig mal ein oder zwei Tage liegen, und schauen Sie dann wieder darauf. Oft sieht man mit ein wenig Abstand noch Schwachstellen im Layout.

6. Verzieren

Spielen Sie erst ganz zum Schluss mit den Extras und Verzierungen. Dabei sollten Sie darauf achten, dass die Verzierungen nicht von den Fotos ablenken, sondern die Gesamtaussage unterstützen. Deswegen lieber weniger auffällige Extras wählen und diese in verträglichen Mengen einsetzen. Schließlich sollen die Betrachter mehr auf die Fotos und weniger auf die Details schauen.

Ideal ist es natürlich, wenn die Verzierungen zum Thema passen. Wenn Sie die einzelnen Elemente noch nicht festgeklebt haben, dann geschieht das jetzt. Zur Sicherheit nehmen Sie Foto-Klebe-Pads, da diese sich immer wieder problemlos ablösen lassen, wenn Sie doch noch etwas ändern wollen.

Schreiben Sie das Datum, an welchem die Fotos entstanden sind und an welchem Tag Sie die Seite gebastelt haben, auf die Kartonrückseite, dann werden Sie es nie vergessen!

Mit Fotos richtig umgehen

1. Säurefreie Foto-Boxen zur Aufbewahrung verwenden. Hier sind Ihre Erinnerungsstücke geordnet und sicher.
2. Fotos und Negative immer getrennt aufheben. So ist für alle Fälle immer eines von beiden für Nachbestellungen greifbar.
3. Grundsätzlich jedes Foto vor hellem Licht und starker Hitze schützen. Beides schadet den Bildern und macht sie unansehnlich.
4. Haustiere, Speisen und Getränke von den Fotos fernhalten. Angeknabberte Ränder, Knicke, Risse und Flecken aller Art sind unschön und machen das Foto unbrauchbar.

Scrapbook-Techniken Schritt-für Schritt

Einige wichtige Techniken habe ich hier für Sie anhand von Fotos Schritt für Schritt erklärt. Daraus können Sie genau ersehen, wie manche Dinge gemacht werden. Viel Spaß bei Erlernen und Ausprobieren!

Der Sissix-Stanzer stanzt normales Papier genauso wie dünnes Metall, Filz, manche Stoffarten, Kork und ähnliche Materialien. Die Motivpalette für das Sissix Stanzgerät ist riesig. Sie haben die Wahl zwischen Blumen, Herzen, Alphabeten und einer Vielzahl von Gebrauchsgegenständen. Graphische Formen erleichtern das Gestalten von praktischen Elementen wie zum Beispiel Anhängern oder Rahmen.

Stanzen mit Sissix

Material: *Sissix Stanzgerät, Sissix Stanzteil, Karton oder Papier*

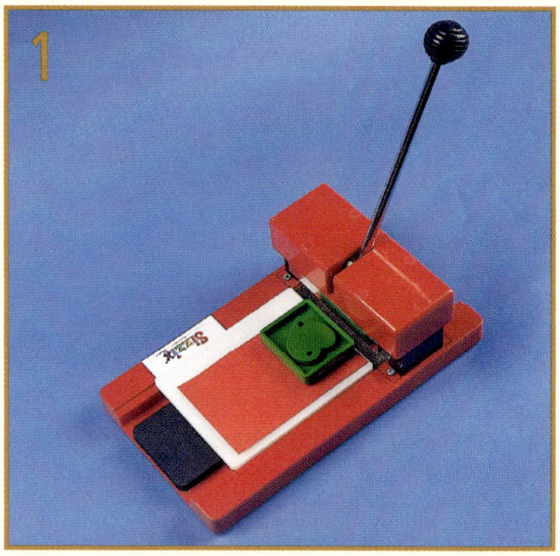

1. Das Papier oder den Karton auf die gewünschte Größe zuschneiden. Dann das Stanzteil darauf legen und beides zusammen in exakter Position unter den Hebel schieben.

2. Den Hebel mit der Hand in einer fließenden Bewegung ganz nach unten drücken. Bei festeren Materialien wie z. B. Kork oder festem Karton ein zweites Mal nachdrücken.

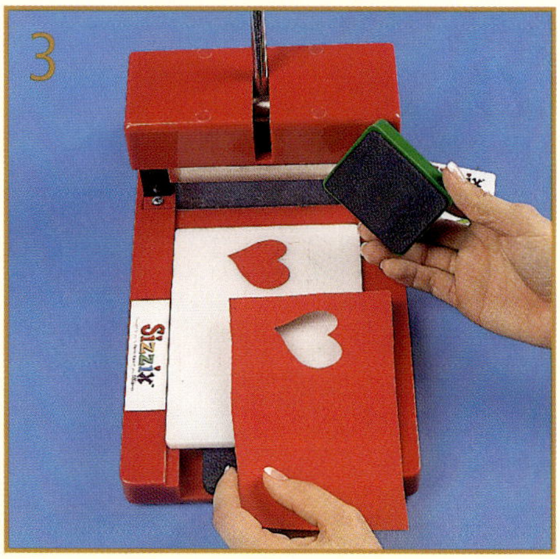

3. Anschließend das Papier oder den Karton sowie das Stanzteil aus dem Gerät nehmen. Auf diese Weise mit allen weiteren Motiven verfahren.

Loch und Öse

Material: *Karton, Ösen, Ösenwerkzeug, dicke Unterlage*

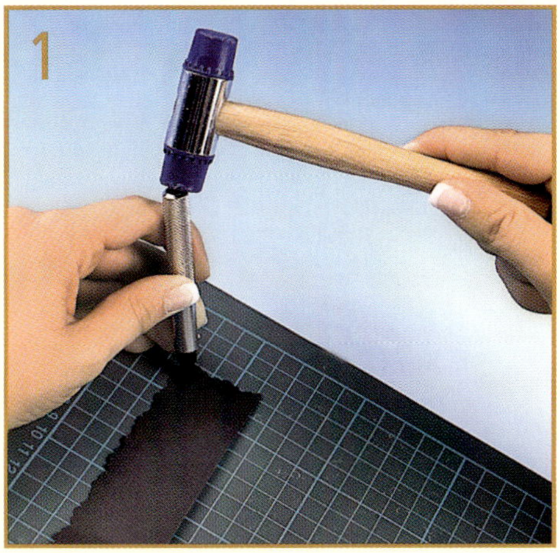

1. Den Paper Piercer senkrecht auf den Karton setzen. Durch einen kräftigen Schlag mit dem Hammer das Loch für die Öse einschlagen. Für festere Materialien den Lochstanzer verwenden.

2. Die Öse durch die entstandene Öffnung stecken. Den Karton umdrehen, so dass die Rückseite mit der vorstehenden Öse nach oben zeigt.

3. Mit der Ösenzange in die Öse stechen und mit einigen Hammerschlägen so lange bearbeiten, bis die Öse flach ist.

Für das Verarbeiten von Ösen benötigen Sie eine stabile Unterlage. Gut geeignet ist beispielsweise ein Holzbrett. Für das Anbringen von Ösen ist eine kleine Sammlung von Werkzeugen notwendig. Einige davon sind als Set im Bastelfachgeschäft erhältlich.
Zum Ösenwerkzeug gehört:
- Cuttermesser (zum genauen Ausschneiden)
- Paper Piecer (zum Durchstoßen von Papier)
- Hammer
- Metallkleber
- Lochstanzer (Punch Hole)
- Ösenzange (Eyelet Setter)
- Pinzette, groß und klein

Embossing ist ein Fachausdruck für das Prägen von Papier. Mit dem Scrap- oder auch Shapeboss ist das ein Kinderspiel, denn die Schablonen, die auf dem Rahmen befestigt werden, können nicht verrutschen. Embossing ist ideal zum Gestalten von filigranen Motiven.

Embossing mit dem Scrapboss

Material: *Scrapboss und Schablone (von Fiskars), Architektenpapier; Kreidepulver*

1. Zuerst die erste Schablone mit möglichst vielen Stäbchen auf dem Scrapboss befestigen. Je mehr Stäbchen verwendet werden, umso sicherer hält die Schablone und umso exakter ist später die Prägung.

2. Dann das Papier auflegen und die zweite Schablone direkt über der ersten Schablone befestigen. Hierfür die zweite Schablone mit den Löchern durch die Stäbchen schieben.

3. Mit dem Embossing-Stift das gewünschte Muster mit sanftem Druck nachfahren. Dabei die Ränder mit dem schmaleren Ende, die größeren Flächen mit dem dickeren Ende des Stiftes ausrubbeln.

4. Um den Effekt deutlich hervorzuheben, ein Wattestäbchen in Kreidepulver mit der gewünschten Farbe tauchen und die embossten Muster sorgfältig nachfahren.

Laminieren mit Xyron

Material: *Xyrongerät und Laminierkassette, Foto*

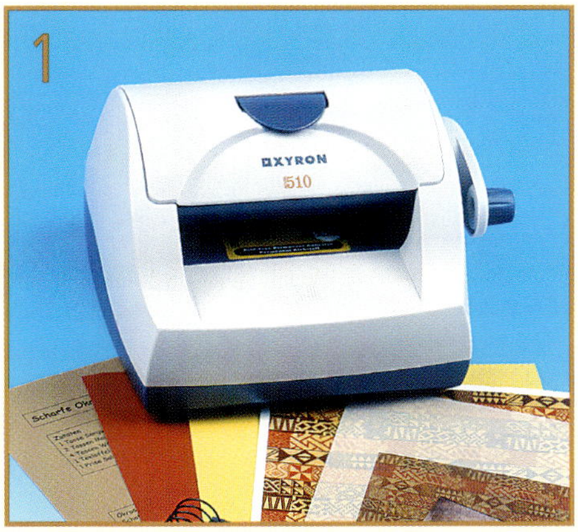

1. Um Ihre Fotos vor Abnutzung oder Verschmutzung zu schützen, laminieren Sie diese am besten ein. Die Handhabung ist ganz einfach und die folgenden Steps zeigen Ihnen, wie es geht.

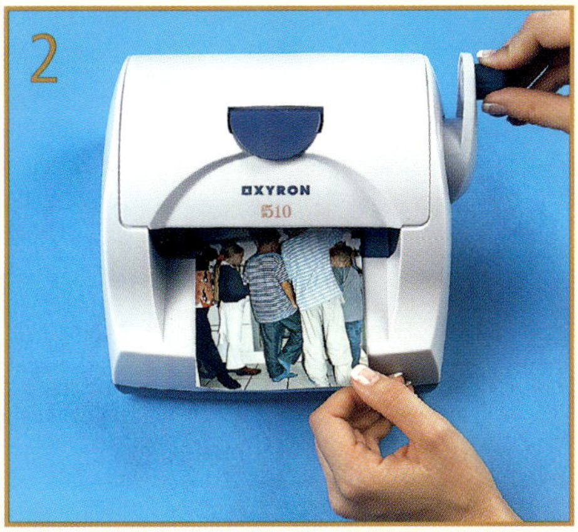

2. Das Foto mit der bedruckten Seite nach oben in das Gerät legen. (Dabei wird der Klebstoff gleichmäßig dünn aufgetragen.) Dann so lange an der Kurbel drehen, bis das Foto vollständig aus dem Gerät gekommen ist.

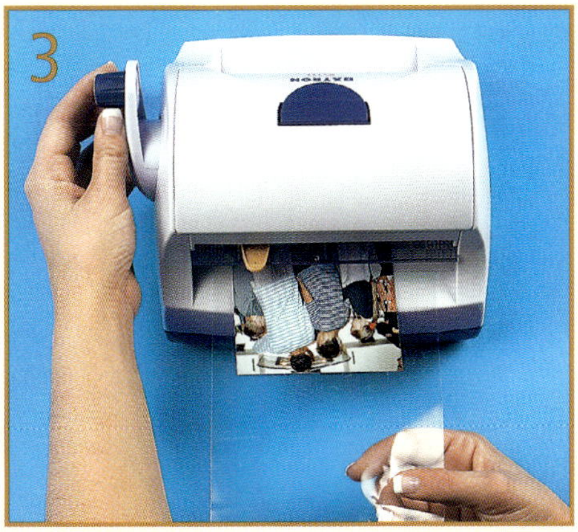

3. Nun das laminierte Foto abschneiden und an den Seiten die überstehenden Ränder vorsichtig mit einer Schere abschneiden.

Möchten Sie sich nicht extra ein Laminiergerät kaufen, können Sie Ihre Fotos auch in fast jedem Copy-Shop laminieren lassen.

Ein Gerät für alle Fälle!

Mit dem Xyrongerät kann man auch Magnete oder Sticker herstellen, indem man die entsprechende Kassette mit selbstklebendem Film einsetzt. Legen Sie einfach ein Stück Papier ins Gerät und überziehen Sie es dann mit dem Klebefilm. Anschließend stanzen oder schneiden Sie Ihr Motiv dann aus und schon haben Sie ein selbstklebendes Element, das Sie sofort verarbeiten können. Der Xyronkleber ist natürlich säurefrei.

Rub-ons gibt es zu allen möglichen Themen, von Weihnachten bis Baby. Sie haften auf Glas, Metall, Papier, Fotos, Plastik, Stoff – also eigentlich auf allem, was man verscrapbooken kann!

Rub-ons

Material: *Rubbelbilder (Rub-ons), Eisstil; Schere*

1. Das passende Rubbelbild auf dem Bogen aussuchen, mit der Schere ausschneiden und vorsichtig das Schutzpapier vom Motiv ablösen.

2. Das Motiv nun mit der leicht haftenden Seite nach unten auf den gewünschten Untergrund (Album, Karton etc.) auflegen. Mit der flachen Seite eines Eisstiles kräftig über das Motiv reiben.

3. Das Papier anschließend vorsichtig anheben, um zu prüfen, ob das Motiv gut hält. Wenn das der Fall ist, das Papier langsam vollständig abziehen.

Mit Rub-ons kreativ gestalten

Rub-ons sind die ideale Ergänzung für Ihre Scrapbook-Seiten. Ob verschiedenste Motive, Buchstaben oder ganze Wörter – mit Rub-ons erzielen Sie schnell eine große Wirkung! Rub-ons können Sie natürlich nicht nur für Ihre Scrapbook-Seiten einsetzen, sie sind genauso gut für selbst gestaltete Karten oder Anhänger geeignet.

Bildbearbeitung

Voraussetzungen: *PC mit Adobe Photoshop*

Mit Hilfe von Fotobearbeitungsprogrammen können Sie nicht nur farbliche Korrekturen vornehmen, Sie können damit auch Fotos zuschneiden, rote Augen retuschieren oder Ihre Bilder mit einem Rahmen versehen. Verfremdungseffekte wie das Absoften oder Einfärben geben dem Foto und damit der Seite oft einen ganz außergewöhnlichen Charakter.

1. Den zu bearbeitenden Bereich des Bildes auswählen:
Dokument öffnen > in der Werkzeugpalette das Polygon-Lasso-Werkzeug auswählen und um den zu verändernden Bildbereich (bei diesem Bild das Lebkuchenherz) mit der linken Maustaste herumklicken. Am exaktesten wird die Kontur, wenn man das Bild dabei stark vergrößert.

2. Farbkorrektur in der Auswahl (hier: Herz) vornehmen:
Auf **Bild** > Anpassen > Farbe ersetzen gehen > auf die zu ersetzende Farbe klicken > gewünschte Farbe in der Farbpalette auswählen > eventuell Sättigung und Helligkeit nach Belieben verändern.

3. Ganzes Bild farbkorrigieren:
Auswahl > Auswahl umkehren **Bild** > Anpassen > Farbton/Sättigung > Sättigung nach Belieben verringern **Bild** > Anpassen > Helligkeit/Kontrast > Optimieren **Bild** > Anpassen > Farbbalance > Farbbalance in Richtung Blau- und Cyantöne verschieben **Auswahl** > Aufheben.

Ein dicker Liebesbrief

Fehlt Ihnen manchmal die Idee für ein Geschenk für den Liebsten? Haben Sie schon einmal daran gedacht, 55 (oder 60 oder 1001!) Gründe festzuhalten, warum Sie Ihr Herz verloren haben? So ein Mini-Album ist eine Geste, die die Liebe neu entfachen wird!

Mini-Album für Verliebte

von Simea Gut

Material: *Kleines Ringbuch (von Rayher); Fotopapier „Steine"; Tacky Tape (beides von Knorr-Prandell); Seidenraupenpapier in Blau; Tonpapier in Blau; Shape Cutter und Schablone oval (von Fiskars); Snaps aus Metall; Satinband; Bandverzierung (Ribbon Charm), mini oval; Bänder in Zartgelb (alles von Making Memories); Foto-Klebe-Pads; Papierschneider*

So wird's gemacht:

1. Für das Cover das Papier auf die passende Größe zuschneiden. Dann das Foto mit dem Shape-Cutter oval zuschneiden. Das Seidenraupenpapier in der gleichen Form etwas größer reißen. Das Foto darauf kleben und alles zusammen auf dem Fotopapier befestigen.
2. Den Titel auf blauem Papier ausdrucken, festkleben und die Snaps in den Ecken befestigen.

Serien fotografieren

Für solche Alben eignen sich ganze Fotoserien am besten. Die hier gezeigte Serie ist für Einladungskarten zu einer Hochzeit entstanden. So kommen all die Bilder, die es später nicht auf die Einladung geschafft haben, doch noch zum Einsatz. Überlegen Sie, ob Sie nicht noch Fotos von solchen Serien haben oder organisieren Sie unter einem Vorwand ein Shooting mit Freunden. Dann haben Sie jede Menge Fotos, die farblich wunderbar zusammenpassen und Sie müssen nur einmal passendes Papier und Deko aussuchen.

Dann das Band durch die Bandverzierung ziehen und mit Tacky Tape festkleben. Zum Schluss die fertig gestaltete Titelseite auf das Album kleben.

3. Für die Innenseiten die einzelnen Texte auf dem Computer schreiben und auf blauem Tonpapier ausdrucken. Immer zwei Themen auf einer Doppelseite mit den passenden Fotos zusammenfassen. Fotos mit dem Shape Cutter zurechtschneiden (Abb. 1 und 2).

4. Das Seidenraupenpapier jeweils in der gleichen Form etwas größer als das Foto reißen. Fotopapier ausschneiden und alles nach Belieben auf der Seite arrangieren (Abb. 3). Snaps und Bänder mit Tacky Tape an die gewünschten Stellen kleben (Abb. 4).

Seidenraupenpapier entfaltet seine wahre Schönheit, wenn es in leicht feuchtem Zustand gerissen wird.

All you need is love

Einzelne Wörter machen sich besonders gut an der Wand! Ob übereinander, nebeneinander oder versetzt aufgehängt – sie vermitteln frech ihre eindeutige Botschaft. Egal, ob das eine Aufforderung zur Liebe, zum Relaxen oder zum Lachen ist …

Mit dieser Technik kann man natürlich auch tolle Namensschilder fertigen oder Wörter gestalten!

Foto-Tipp:
Fotografieren Sie (bzw. lassen Sie fotografieren …) zum Thema Liebe einmal die folgenden Details: Beide Hände beim Händchenhalten, einen Kuss, das Paar beim Spazierengehen von hinten, das Paar, wie es in eine Richtung blickt, einen Packen Liebesbriefe, wenn man sich gemeinsam schick macht, einen Blumenstrauß … und scrapbooken Sie diese Details.

Keilrahmenensemble „Love"

von Simea Gut

Material: *4 Keilrahmen, 10 x 10 cm; Marabu-Decormatt Acryl in Elfenbein; Papiere, gepunktet und gestreift (von Studio K, K&Company); Brads in Rot und Grün (von Making Memories); Karton in Rot und Grün; 3-D-Klebepads; Pinsel; doppelseitiges Klebeband; Schneidegerät; Schere; Tacker; Schmirgelpapier; Computerschrift: „Army"*

So wird's gemacht:

1. Die Keilrahmen mit dem gepunkteten Papier überziehen. Dazu das Papier jeweils um den Keilrahmen wickeln und auf der Rückseite des Rahmens mit dem Tacker befestigen.
2. Aus dem grünen Karton vier Quadrate à 10 x 10 cm schneiden. Die Ränder unregelmäßig mit Elfenbein bemalen, trocknen lassen und auf die Keilrahmen kleben.
3. Vier 9 x 9 cm große Stücke aus dem gestreiftem Papier schneiden und die Ränder mit Schmirgelpapier bearbeiten. In den Ecken Snaps befestigen und die Quadrate jeweils mittig auf die Rahmen kleben.
4. Die Buchstaben für „Love" auf dem Computer schreiben und auf rotem Karton ausdrucken. Die Buchstaben ausschneiden und an den Rändern ebenfalls abschmirgeln. Dann mit 3-D-Klebepads aufkleben.

Den eigenen Stil finden

Beim Scrapbooking ist es sehr wichtig, dass jeder seinen eigenen Stil findet. Ob eher graphisch und reduziert oder lieber verspielt und mit vielen Materialien – schauen Sie einmal, welche Beispiele Ihnen hier in diesem Buch gefallen und überlegen Sie, warum das so ist. Dadurch kommen Sie Ihrem persönlichen Stil schon einen großen Schritt näher und können alle hier gezeigten Modelle aus einem völlig anderen Blickwinkel betrachten. Überlegen Sie, ob sich manche Ideen Ihrem persönlichen Stil anpassen lassen. Der hier gezeigte Schriftzug beispielsweise ist im „shabby chic" erstellt, d.h. auf alt gemacht (besonders mit den abgeschliffenen Buchstaben). Die Grundidee jedoch lässt sich auf verschiedene Weise umsetzen. Verändern Sie einfach Papiere, Verzierungen und die Schriftart, und das Modell bekommt einen völlig anderen Charakter.

L
O
V
E

Unsere Hochzeit – einfach unvergesslich!

Die eigene Hochzeit ist die perfekte Gelegenheit, um mit dem Scrapbooken anzufangen. Schließlich existieren von kaum einem Ereignis so viele Fotos, auf die man wirklich stolz ist und die man am liebsten jedem zeigen würde! Und da man auch immer noch Dankeskarten zu basteln hat, lohnt sich die Anschaffung gewisser Materialien, weil sie oft benutzt werden!

Dankeskarte mit Fenstern

von Simea Gut

Material: *Karte mit vorgestanzten Fenstern (von Rayher); Karton in Rot; Scrapboss und Schablonen „Blumen"; Texturing Tool und Platte mit Wellen (alles von Fiskars); Ösen in Rot; Ösenwerkzeug; Kreide in Weiß*

So wird's gemacht:

1. Die Karte mit dem Texturing Tool mit Wellen versehen. Dazu die Karte auf die Platte legen und mit dem Gerät vorsichtig darüber fahren.
2. Auf den Karton hinter den Fenstern Blumen embossen (siehe Seite 20, Embossing mit dem Scrapboss) und Blütenmitte jeweils mit einer Öse versehen. In eines der Fenster statt der Blumen ein Foto des Brautpaars kleben.
3. Das Wort „Danke" und die große Blume mit Scrapboss und Schablone auf ein Stück roten Karton embossen und mit weißer Kreide etwas hervorheben.

Seite der Liebe

von Anna Behringer

Material: *Karton in Rot; Scrapboss und Schablonen; Shape Cutter und Schablone (alles von Fiskars); Architektenpapier in Weiß; Kreide in Weiß; Hochzeitskleid (von Rayher); Ösen in Weiß; Tacky Tape*

So wird's gemacht:

1. Den Karton an allen vier Rändern mit dem Scrapboss und Schablone umranden (wie auf Seite 20 beschrieben). Die geprägten Stellen mit weißer Kreide hervorheben.
2. Die Hauptfotos festlegen und oben links und unten rechts platzieren. Das Foto unten links mit dem Shape Cutter rund schneiden. Ein Stück Architektenpapier etwas größer als das Foto zuschneiden und als Rahmen hinter das Foto legen.
3. Die Fotos aufkleben und mit Ösen verzieren. Zum Schluss das Hochzeitskleid oben rechts befestigen.

Mini-Album Hochzeit

von Simea Gut

Material: *Mini-Album als Leporello (aus dem Fachhandel); Karton in Dunkelrot; Kreide in Weiß; Scrapboss und Schablone (von Fiskars); 3-D-Sticker „Blume" (von Rayher)*

So wird's gemacht:

1. Das Foto nach oben versetzt auf das Albumcover kleben. Mit einem etwa 3 mm breiten Streifen aus dunkelrotem Karton das zentrale Element des Fotos einrahmen.
2. Eine Bordüre mit Scrapboss und Schablone auf rotem Karton anfertigen (wie auf Seite 20 beschreiben), ausschneiden und aufkleben. Den Blumensticker dekorativ in der linken oberen Ecke platzieren.

Dankeskarte mit Brautpaar

von Simea Gut

Material: *Karton in Weinrot; gemustertes Transparentpapier mit Blumen; Architektenpapier in Weiß; Scrapboss und Schablonen (von Fiskars); Kreide in Weiß; Ösen in Altsilber und Rot; Ösenwerkzeug; Zierrandschere*

So wird's gemacht:

1. Den Karton zu einer Karte in CD-Box-Größe schneiden. Das Architektenpapier mit der Zierrandschere etwas kleiner als die Karte schneiden und mit Ösen auf der Karte befestigen. Das Foto mittig darauf kleben.
2. Einen Streifen aus dem Transparentpapier reißen und mit roten Ösen befestigen. Aus dem Karton 3 mm breite Streifen schneiden und an beiden Seiten vertikal über das Foto und die gesamte Karte kleben.
3. Mit Scrapboss und Schablone das Wort „Danke" anfertigen (Achtung: spiegelverkehrt arbeiten!) und mit weißer Kreide hervorheben.

Auf immer und ewig

Besonders schön und zeitlos werden Hochzeitsseiten und Erinnerungsstücke in Weiß, Schwarz und Creme. Das ist edel und immer passend. Und Fotos in Schwarz-Weiß sind natürlich die beste Ergänzung dazu!

Hochzeits-Anhänger

von Making Memories

Material: *Karton in Beige und Weiß; Bänder in Beige; Satinband Charm eckig (von Making Memories); dünner Draht; Computerschrift: „Arial“*

So wird's gemacht:

1. Aus dem beigen Karton einen Anhänger entwerfen und ausschneiden. Dann die Titelzeile auf dem Computer schreiben und auf den Anhänger drucken.
2. Das Foto mit weißem Karton hinterlegen und beides auf den Anhänger kleben. Aus einem Band eine Blume binden und mit etwas Draht befestigen.
3. Durch ein Band den Satinband Charm führen und die Bänder, wie auf der Abbildung zu sehen, schräg aufkleben.

Anhänger gestalten

Anhänger sind ideal, um einem Geschenk den letzten, ganz persönlichen Schliff zu geben. Noch schneller als eine Karte gearbeitet, sind sie das perfekte Detail, das dem Beschenkten zeigt, dass man an ihn denkt! Das Basteln von Anhängern ist ganz einfach: Verwenden Sie Fotos, die im Rennen um einen Platz auf Ihren Album-Seiten auf den hinteren Plätzen gelandet sind, sowie übrig gebliebene Materialien. Oft lässt sich zu einer Seite auch gleich der passende Anhänger basteln.

Always and forever

von Making Memories

Material: *Karton in Grau und Weiß; Hintergrundstempel (von Hero Arts); Bänder, Fotoecke, Scharnier, Distressing Kit (alles von Making Memories); Ring (Fundstück); Schere*

So wird's gemacht:

1. Den Schriftzug „for keeps" mit einem Bildbearbeitungsprogramm auf das Foto setzen und ausdrucken oder entwickeln lassen.
2. Den weißen Karton bestempeln und einen breiten Streifen davon auf den grauen Karton kleben. Den Rand des Kartons und den Rand des Fotos mit dem Distressing Kit und besonders mit dem Schmirgelpapier bearbeiten, damit beides möglichst nostalgisch aussieht.
3. Das schmale Band im unteren Drittel über das Foto legen und auf der Rückseite festkleben. Den Ring mit einem zweiten Band daran festknoten und das Foto in die Mitte des Kartons kleben.
4. Die Wörter „always and forever" auf dem Computer schreiben, ausdrucken und ausschneiden. Am unteren Bildrand aufkleben. Die Fotoecke rechts unten und das Scharnier links oben oder nach Belieben anbringen.

Diese Seite ist zum Aufklappen gedacht: Wenn Sie das Foto aus der Fotoecke lösen, gibt es den geschickt verborgenen Text frei.

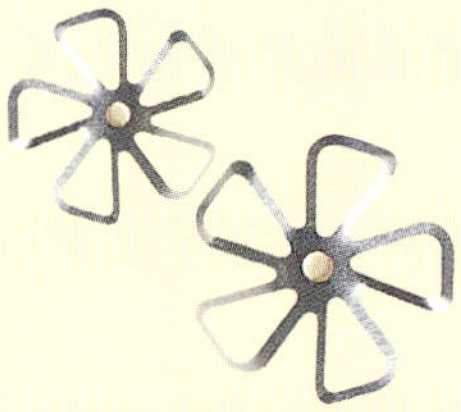

Unser schönster Tag

Besonders die Hochzeitsfotos zeigen sich immer wieder gerne in einem neuen Rahmen. Mit romantischen Bändern und Spitzen verziert, können sie sich wirklich sehen lassen und erinnern immer wieder an den schönsten Tag!

Jump Rings sind kleine, dünne Metallringe, die sich ganz leicht aufbiegen lassen, um zum Beispiel etwas aufzufädeln. Hier sind es Buchstaben und Perlen.

Brautpaar auf Keilrahmen

von Simea Gut

Material: *Keilrahmen, 20 x 50 cm; Marabu-Decormatt Acryl in Granatrot und Elfenbein; Karton in Rot und Schwarz; Ösenbuchstaben; Jump Rings; Mini-Brads in Creme (alles von Making Memories); Metallworte (Fundstücke); Metallblumen (Fundstücke); Bordürenstanzer (von Fiskars); Verzierung „Herz" (Scrapbook Basics, über Kars); Rocailles in Rot; Satinbänder in Rot; Kordel in Rot; Nähgarn; Spitze in Creme; doppelseitiges Klebeband; Pinsel*

So wird's gemacht:

1. Den Keilrahmen in Granatrot unregelmäßig bemalen und trocknen lassen.
2. Den schwarzen Karton etwas größer als die Bildformate zuschneiden und die Fotos aufkleben. Dann das Hauptfoto am unteren, etwas breiteren Rand mit dem Bordürenstanzer verzieren.
3. Den Anhänger von der Vorlage auf den roten Karton übertragen, zweimal ausschneiden und mit Spitze bekleben. Jeweils mit den Anfangsbuchstaben der Brautleute und einer Rocaille auf einen Jump Ring fädeln. Dann mit zwei weiteren Ringen verbinden und am Hauptfoto einhängen.
4. Das Herz ebenfalls mit einigen Rocailles auf einen Jump Ring fädeln und an einem anderen Foto befestigen.
5. Aus dem schwarzen Karton kleine Quadrate ausschneiden und grob in Elfenbein bemalen. Ebenso die Metallworte bemalen. Dann diese jeweils auf ein Quadrat kleben. Aus dem Satinband Schleifen binden und oben auf die Quadrate kleben. Metallblumen mit den Mini-Brads an den Fotos befestigen und diese auf den Keilrahmen kleben.
6. Für den Rand einen dünnen Streifen doppelseitiges Klebeband um den Rahmen legen. Das Trägermaterial abziehen und die Kordel und den Faden fest auf das Klebeband drücken. Zum Schluss die cremefarbene Spitze am linken Rand anbringen.

Foto-Tipp:
Fotografieren Sie am Hochzeitstag auch die folgenden Details: Ihre und seine Blumen, Details des Kleides, das Kleid von hinten und von der Seite, die Braut beim Fertigmachen, das Paar mit Gratulanten, das Hochzeitsauto, die Braut mit ihren besten Freundinnen, den Bräutigam mit seinen Freunden ...

B
S
dream
joy
believe
hope

Damals, als du noch nicht geboren warst ...

Die Schwangerschaft ist für die meisten Frauen eine Zeit, die sie nicht vergessen werden: Alles ändert sich, frohe Erwartung macht sich breit, der Körper spielt verrückt, ein kleines Menschlein wächst im Bauch – und nichts ist mehr wie früher. Das ist eine Zeit, die man unbedingt festhalten sollte!

In der Zeit der Schwangerschaft

von Simea Gut

Material: *Karton in drei Lilatönen; Architektenpapier in Weiß; Ösen in Lila; Briefklammern „Sterne"; Alphabetstempelset „Creative Characters" (von Hero Arts); Rechteckstanzer; Hintergrundstempel (von Kars); Stempelkissen in Flieder; 3-D-Klebepads; Stickgarn in Lila; transparentes Klebeband; Nadel; Wasserschüssel*

So wird's gemacht:

1. Die gewünschten Texte auf dem Computer schreiben, auf Architektenpapier ausdrucken und die Texte ausschneiden. Jeweils drei gleich große Rechtecke aus den beiden dunkleren Kartons stanzen und die Texte darauf kleben.
2. Den hellsten Karton mit dem Hintergrundstempel bearbeiten. Die beiden dunkleren Kartons farblich und in der Größe abgestuft darauf kleben. Die oberen Kanten der dunkleren Kartons einreißen und eng zusammenrollen.
3. Das Hauptfoto mit dem hellsten Karton hinterlegen und mit 3-D-Klebepads aufkleben. Die vorbereiteten Textstücke ebenfalls festkleben. Mit Nadel und Stickgarn eine Verbindung zwischen Foto und Texten herstellen.
4. Den Schriftzug „Mutter" stempeln und jeden Buchstaben als Anhänger ausschneiden. Zusätzlich mit Ösen verzieren und aufkleben. Die beiden Wörter „Ich werde" ebenfalls auf Architektenpapier ausdrucken, über den Titel setzen und mit Miniösen befestigen.
5. Für das Gesicht in der linken unteren Ecke wird eine Farbkopie bearbeitet: Dazu dickes Klebeband auf die Kopie kleben. Dann das Klebeband mit dem Papier in Wasser legen und aufweichen lassen. Das Papier vorsichtig abrubbeln – das Bild bleibt durchsichtig am Klebeband hängen. Dieses nun an entsprechender Stelle anbringen.

Foto-Tipp:
Fotografieren Sie in der Schwangerschaft folgendes: den wachsenden Bauch (einmal jeden Monat am besten in den gleichen Kleidern), das Babyzimmer, das Sie einrichten, Essen, nach dem es Sie gelüstet, Kleider, die nicht mehr passen, den Frauenarzt ... und freuen Sie sich hinterher, dass Sie alles so detailliert festgehalten haben!

Papier selber machen

Kein passendes Papier parat? Das macht gar nichts, man kann sich nämlich mit Stempeln wunderbar sein eigenes Papier gestalten. Bei diesem Modell wurde ein großer Hintergrundstempel benutzt. Sie können aber auch thematisch passende Stempel (z. B. Blumen) in verschiedenen Farben aufstempeln, so dass sie sich überlappen – fertig ist ein Papier. Stempeln Sie einfach Wörter – immer und immer wieder. Oder setzen Sie die Initiale der auf dem Foto abgebildeten Person mit verschiedenen Buchstabenstempeln und monochromatischen Farben auf Karton. Nutzen Sie Ihre Stempel nicht nur für Details, sondern auch großflächig, so lässt sich eine tolle Wirkung erzielen.

Was für ein süßer Fratz!

Wenn Sie Leinwand großflächig bemalen möchten, geht das am besten und am schnellsten mit einem feuchten Lappen. Einfach den Lappen in die Farbe tauchen und großzügig über die Leinwand wischen.

Mit selbst gestalteten Keilrahmen lässt sich nicht nur das Kinderzimmer wunderbar schmücken. Sie sind auch ein willkommenes Geschenk für Großeltern, Tanten, Onkel und alle, die sich mit Ihnen über das neue Leben freuen! Und weil es meistens mehr als ein Foto vom Nachwuchs gibt, können Sie die Fotos wie bei diesem Modell problemlos immer wieder austauschen.

Baby-Keilrahmen in Rosa

von Simea Gut

Material: *2 Keilrahmen, 20 x 20 cm; Karton in Hellrosa, Rosa und Dunkelrosa; Marabu-Decormatt Acryl in Elfenbein, Zartrosa und Pink; Metallplaketten „Babyhände" und „Babyfüße"; Bänder in Rosa; Dekorative Brads und Rub-ons „Heidi" (alles von Making Memories); Buchstabenaufkleber (von K&Company); Papiere (von Life's Journey); Spitzenreste; Knöpfe; Kunstblumen; Nähmaschine; Nähgarn in Rosa und Creme; Tacker; doppelseitiges Klebeband; Schneidegerät; Buntstift in Weiß*

So wird's gemacht:

1. Die beiden Leinwände unregelmäßig in Zartrosa und Pink bemalen. Papiere und Foto mit der Nähmaschine im Zick-Zack-Stich umrahmen. Beides dekorativ festkleben, dabei ein Papier über die Mitte laufen lassen, sodass es auf beiden Keilrahmen platziert ist.
2. An den unteren Rand die Knöpfe und die Spitze kleben. Auf dem linken Rahmen seitlich rosafarbenes Band anbringen.
3. Die Blumen, die Brads und die Plaketten mit den Acrylfarben grob anmalen und trocknen lassen. Zwei Blumen oben links und eine Blume unten rechts mit den Brads befestigen. Einfarbiges Band unter die Spitze legen und unter die Plakette kleben. Dann beide Plaketten oben rechts befestigen.
4. Für den Titel das Wort „Sweet" mit weißem Buntstift auf den Rahmen schreiben. Für das Wort „Baby" die Buchstaben einzeln auf Karton ausdrucken, mit Zick-Zack-Stich umrahmen und aufkleben. Das Wort „Girl" aus Buchstabenaufklebern darunter setzen.

Kreativ-Tipp:
Natürlich lässt sich ein ähnlicher Rahmen auch für kleine Jungs gestalten. Benutzen Sie entsprechende Farben und passende Accessoires. Dieses Layout können Sie übrigens genauso gut auf ein Album übertragen!

Baby Boy und Baby Girl

Die zarten kleinen Wesen lassen einem gar keine andere Wahl, als sie ständig zu fotografieren. Da kommen in den ersten Lebensmonaten schnell eine ganze Menge Fotos zusammen. Hier ein paar Ideen zum Verbasteln der schönsten Fotos.

Passende Accessoires gibt es z. B. von Making Memories: Die Schleifen und die Fotoecke passen perfekt zusammen!

Scrapbook für Jungen

von Making Memories

Material: *Karton in zwei Blautönen; Stofffotoecke; Bandbuchstaben; Charms „Hände"; Bänder in Schwarz; Distressing Kit (alles von Making Memories); Klebstoff*

So wird's gemacht:

1. Den helleren Karton vierteln und zwei der Quadrate im Schachbrettmuster auf den dunkleren Karton kleben. Den Rand mit dem Distressing Kit so bearbeiten, dass er sich wellt. Das Foto in die Mitte kleben.

2. Die Buchstaben für das Wort „Baby" auf das Band schieben, dieses um die Seite legen, auf der Vorderseite verknoten und auf der Rückseite festkleben. Ein zweites Band neben den ersten Knoten binden.

3. Die Fotoecke auf die rechte obere Ecke setzen und die Charms auf dem Foto anbringen.

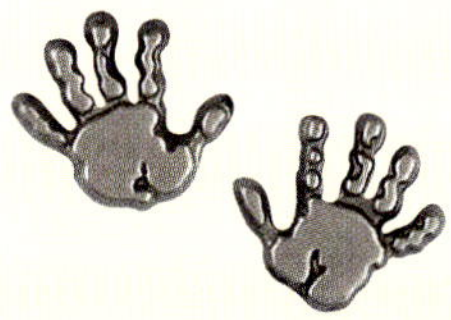

Foto-Tipp:
Fotografieren Sie bei Ihrem Baby z. B. Folgendes: die kleinen Hände und Füße (am besten im Vergleich zu Ihren Händen und Füßen), die unterschiedlichen Gesichter, die das Baby macht, das Baby neben einem immer gleich bleibenden Gegenstand einmal im Monat, um festzuhalten, wie es wächst, das Baby im Kinderwagen, das Baby nackt, das Baby, wie es seinen Fuß in den Mund steckt ...

Scrapbook für Mädchen
von Making Memories

Material: *Karton in verschiedenen Rosatönen und Weiß; Papier, gestreift; verschiedene Blumen (von Making Memories); Mini-Briefklammer; Bänder in Schwarz; Anhänger; Zierrandschere „Wellen"; Nähmaschine; Nähgarn in Schwarz; Filzstift in Schwarz*

So wird's gemacht:

1. Den gesamten Rand des Kartons mit der Zierrandschere umschneiden, so dass ein Muster entsteht. Die Fotos leicht versetzt auf den Karton aufkleben. Aus dem gestreiften Papier Fotoecken anfertigen. Diese oben links und unten rechts auf die Fotos aufnähen. Unter die Fotoecken jeweils ein Stück schwarzes Band in Wellenform kleben.

2. Aus den Papier- und Kartonresten kleine Collagen auf die Anhänger kleben. Die Worte auf weißes Papier schreiben, ausschneiden und auf die Anhänger kleben. Blumen in verschiedenen Größen übereinander stecken und mit der Briefklammer an einem Anhänger befestigen. Zum Schluss beide Anhänger mit Bändern verzieren und befestigen.

Wer sagt, dass die Ränder einer Seite immer kerzengerade sein müssen? Es sieht auch toll aus, wenn sie gewellt, gezackt oder rund sind! Am besten einmal ausprobieren!

In allen vier Ecken ...

Wenn man dieses spannende Kinderalbum sieht, dann bekommt man richtig Lust, seinem Kind auch ein Album über die Gefährten der Kindheit zu basteln! Damit auch wichtige Erinnerungsstücke nicht verloren gehen, bekommt jede Seite eine Tasche, in der man Zettelchen, Fotos oder den ersten Liebesbrief aufbewahren kann.

Wem das zu viele Ösen sind, der hat auch noch andere Möglichkeiten das Buch zu binden: mit der Nähmaschine nähen, von Hand steppen oder ganz einfach tackern.

Poesiealbum

von Simea Gut

Material:

Für die Innenseiten: gemusterte Papiere und Transparentpapiere (von KnorrPrandell); Organzasäckchen in Rosa; Mini-Klammern in Rosa; Mini-Strass in Rosa; Ösen in Rosa; Fotoschablone Blume (von Kars); Motivlocher Herz; Faden in Rosa; Nadel; Stift in Rosa; Rocailles; Mini-Motivlocher Teddy (von Rayher); Passepartout-Karte (von Rayher); Band in Orange; Kreide in Braun (von Kars); Deko-Materialien, z. B. Schiefertafel, Filzherz, Malkasten, Clown aus Mosgummi; Ösen in Rot; Mini-Alphabet (von Kars); Anhänger (z. B. von neuen Kleidern)

Für den Einband: Fotokarton in Rot; Papierreste von den Innenseiten; Holzstreuteile; Deko-Reste von den Innenseiten; Alphabet-Perlen (von Kars); Ösen in Rot

Außerdem: Schere; Foto-Klebe-Pads; Papierschneidegerät; Ösenwerkzeug

So wird's gemacht:

1. Die Fotos für die Innenseiten auf die passende Größe zuschneiden. Für manche Seiten die Fotos ruhig in Formen schneiden (siehe „Daniela"), das sorgt für Abwechslung. Dann passendes Papier zu den Motiven aussuchen.

2. *Innenseite „Pascal":* Die Passpartout-Karte in der Hälfte auseinander schneiden und mit Kreide den Rahmen um das Fenster hervorheben. 3-D-Bilder ausschneiden und mit den Klebe-Pads aufkleben. Am unteren Kartenrand Teddys ausstanzen. An zwei Seiten der Karte in regelmäßigen Abständen Ösen anbringen, so dass eine Tasche entsteht. Den Anhänger mit etwas orangefarbenem Papier bekleben und ein Stück Band durchfädeln. Die Buchstaben des Namens auffädeln. Die Fadenreste auf der Rückseite und den Anhänger links oben festkleben.

3. *Innenseite „Daniela":* Transparentpapier über das untere Drittel des Papiers legen und an den äußeren Kanten so festnähen, dass eine Tasche entsteht. Am rechten Rand aufgefädelte Rocailles befestigen und die Ösen anbringen. Ein Herz für jeden Buchstaben des Namens ausstanzen und die Buchstaben darauf schreiben. Die Herzen oben auf die Klammern kleben und diese an den Rand der Transparenttasche klammern. Foto darüber festkleben und an geeigneten Stellen Strasssteine aufkleben. Das Organzasäckchen oben links befestigen. Den Anfangsbuchstaben des Namens aus Papier ausschneiden und mit passendem Papier hinterlegen. Bänder durch die Ösen der einzelnen Seiten ziehen.

4. Für den Einband den Fotokarton auf die richtige Größe zuschneiden. Papier, welches von der Gestaltung der Innenseiten übrig geblieben ist, dekorativ verteilen und aufkleben. Mit den restlichen Deko-Materialien ebenso verfahren. Den Titel entwerfen, aus verschiedenen Papieren ausschneiden und aufkleben. Das Wort „Poesiealbum" aus Alphabet-Perlen auffädeln und festkleben. Die Ösen in gleichmäßigen Abständen am linken Rand befestigen.

5. Zum Zusammenbinden der Seiten Bänder durch alle Ösen ziehen. Dabei darauf achten, dass die Seiten noch umgeschlagen werden können. Für die Rückseite Fotokarton verwenden.

Mini-Alben für stolze Großeltern

Wie oft wird man nach Menschen gefragt, die einem nahe stehen. Ist es da nicht schade, wenn dann keine Fotos zur Hand sind? Das kann sich mit dem Knöpfe-Album ändern. Es kann variabel gestaltet werden und zeigt alle Familienmitglieder. Und das in einem Format, das in jede Handtasche passt. So hat man immer etwas zum Vorzeigen!

Kreative Knöpfe

von Simea Gut

Die Innenseiten und Einbände für Fotoalben gibt es im Fachhandel häufig getrennt (z. B. von KnorrPrandell). So lassen sich Farben passend zusammenstellen und auf das Thema abstimmen.

Material: *Mini-Album mit Schraubbindung; Innenseiten für ein Mini-Album; Papier in Gelb und in zwei Blautönen; Transparentpapier, gestreift (von Heyda); Architektenpapier in Blau; Stanzgerät „Buchstaben" (von Fiskars); Nadel; Faden; Foto-Klebe-Pads; Papierschneider; Ösenwerkzeug*

So wird's gemacht:

1. Passende Fotos aussuchen. Die Namen der Kinder aus Papier ausstanzen. Auf den jeweiligen Fotos anbringen und diese auf die Albuminnenseite kleben. Die blauen Papiere in Rechtecke reißen, auf den Seiten verteilen und festkleben.
2. Knöpfe unter den Fotos annähen. Texte auf dem Computer schreiben und auf Transparentpapier ausdrucken. Die Texte aus dem Papier reißen und in den Ecken über Kreuz festnähen.
3. Den Titel „Süsse Knöpfe"auf einem Stück Karton von Hand gestalten, festkleben und mit Knöpfen verzieren.
4. Für das Deckblatt ein Stück gelbes Papier auf etwa zwei Drittel der Coverbreite zuschneiden und die rechten Ecken abschrägen. Den Titel von Hand gestalten und mit gelben und blauen Knöpfen verzieren. Zum Schluss das Album zusammenbinden.

unsere
lieben

süsse
knöpfe
silas

Unsere Familie

Fröhliche Fotos können sehr gut mit fröhlichen Farben und Mustern unterstützt werden. Tolle Papierserien gibt es von der Firma S.E.I. in jedem Stil. Sie machen gute Laune und dokumentieren sichtbar das Familienglück!

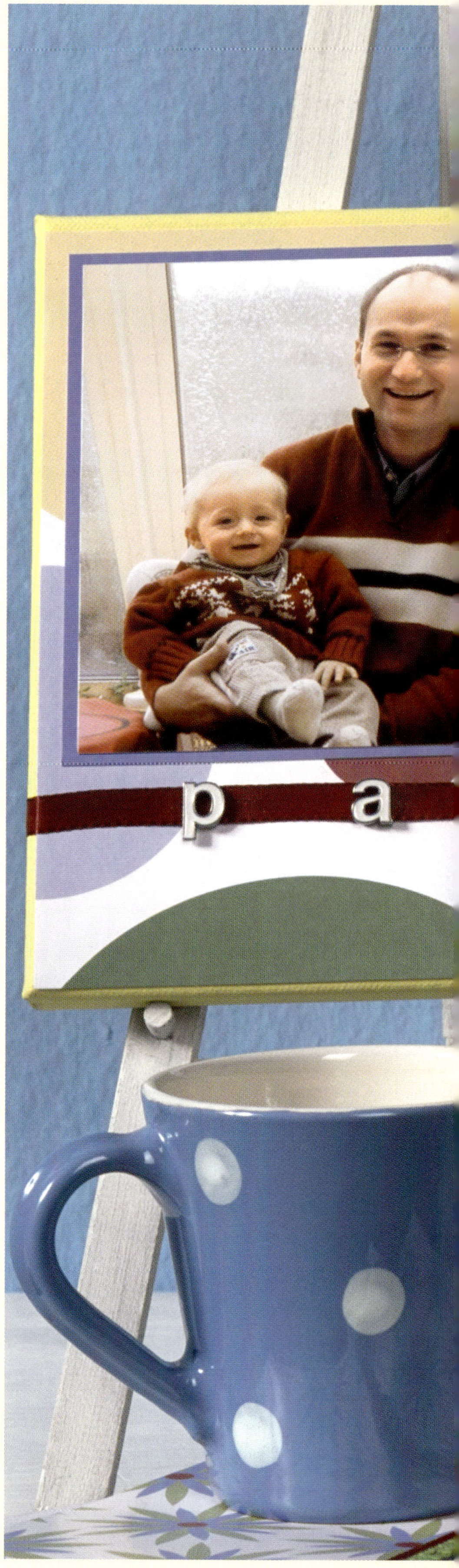

Keilrahmen mit Fotos

von Simea Gut

__Material:__ 2 Keilrahmen, 20 x 20 cm; Marabu-Decormatt Acryl in Mittelgelb; Papiere, gemustert („Sporty", von S.E.I.); Papier in Mittelblau; Metallbuchstaben für Bänder („Band Charms Alphabet") in Weiß-Emaillie; Bänder in Rot und Himmelblau; Brads in Orange und Blau (alles von Making Memories); Pinsel; doppelseitiges Klebeband; Schneidegerät

So wird's gemacht:

Das Layout im Modell „Familie" lässt sich sehr gut als Scrapbook-Doppelseite für ein Album übertragen.

1. Die Ränder der Keilrahmen in Mittelgelb bemalen und trocknen lassen. Die gemusterten Papiere jeweils in 20 x 20 cm große Stücke schneiden und mit den Brads verzieren. Anschließend auf die Rahmen kleben. Die Fotos mit blauem Papier unterlegen und ebenfalls festkleben.
2. Die Anhänger aus den gemusterten Papieren als Rechtecke zuschneiden und anschließend etwas überlappend neben den Fotos anbringen. Die Metallbuchstaben für die Wörter „Mami", „Papi" und den Namen des Kindes auf die Bänder schieben, diese um die Rahmen legen und auf der Rückseite jeweils festkleben.

mami
marc

Tapetenwechsel

Ein Säureteststift hat es offenbart: Viele Tapeten sind säurefrei, das heißt für Fotos ungefährlich. Das eröffnet völlig neue Möglichkeiten! Denn Tapeten gibt es im Bastelfachhandel, aber darüber hinaus auch in Baumärkten, Einrichtungshäusern und sogar im Internet. Und manchmal bekommt man die großen Musterbücher sogar geschenkt, wenn man nett fragt …

Für Sandra

von Simea Gut

Material: *Tapetenstücke; Architektenpapier; Schnur in Gold; Dekoteile „Musik" (von Kars); Briefklammer; Filzstift in Schwarz; Nähmaschine; Nähgarn*

So wird's gemacht:

1. Den Anhänger mit Tapetenstücken bekleben. Mit der Nähmaschine sorgfältig am Rand entlang nähen.
2. Den entsprechenden Namen von Hand auf ein passendes Stück Architektenpapier schreiben und mit einer Briefklammer befestigen.
3. Dann die Schnur um die Karte legen, Dekoteile daran befestigen und die Enden auf der Rückseite festkleben.

Baby Ben

von Simea Gut

Material: *Karton in Grün; Transparentpapier in Weiß; Tapetenstücke; Fotoclips; Etikettenhalter (beides Fundstücke); Kieselsteine in Gold; Motivlocher „Stern"; Gelstift in Grün; Nähmaschine; Nähgarn*

So wird's gemacht:

1. Die Tapete auf den Karton kleben. Dann mit der Nähmaschine am Rand entlang eine Ziernaht setzen. Das Foto schräg beschneiden und auf die Karte kleben. Das Wort „Baby" mit den Kieselsteinen setzen, auf Transparentpapier kleben und dieses auf der Karte befestigen.
2. Anschließend mit einem ausgestanzten Stern verzieren. Eine weitere Ziernaht auf einen Streifen Tapete setzen und den Streifen unten über das Foto kleben.
3. Den Namen des Babys auf Karton schreiben, den Etikettenhalter darüber befestigen und beides festkleben. Zum Schluss wahlweise noch Fotoclips anbringen.

Kieselsteine (engl.: Pebbles) sind gewölbte Glassteine, die über Wörter oder Motive geklebt einen Fisch-Glas-Effekt hervorrufen. Sie gibt es in unterschiedlichsten Formen und Farben.

Mini-Album

von Simea Gut

Material: *Bastelalbum; dicker Karton (z. B. von einem Zeichenblock oder einem festeren Briefumschlag); Karton DIN A3 in Creme; Tapetenstücke; Motivlocher „Stern"; Knopf (Fundstück); Deko-Teile „Musik" (von Kars); Faden; Fotoclips*

So wird's gemacht:

1. Aus dickem Karton vier DIN A5 große Stücke schneiden und jeweils zwei aufeinander kleben. Dann den DIN A3-Karton in DIN A5-Höhe schneiden und in DIN A5-Breite knicken, so dass ein Leporello entsteht. Die Enden des Kartons an die dicken Endstücke kleben.
2. Den Albumtitel auf einer Tapeten-Borte ausdrucken und auf das Mini-Album kleben. Das Foto passend schneiden und in die Mitte kleben. Aus dunklen Tapetenstücken „Fotoecken" ausschneiden und an allen vier Ecken des Kartons kleben.
3. Ebenfalls aus der Tapete zwei Sterne ausstanzen. Sterne und die Fotoclips dekorativ festkleben. Als Schließe den Knopf befestigen. Zum Schluss an den Faden die Musikinstrumente hängen und diesen um das Buch wickeln.

Silas

von Simea Gut

Material: *Tapete in Grün, Hellgrün und Gold; Tapetenborte in Gold; Kieselsteine in Gold; Fotoclips (Fundstücke); Öse in Gold; Motivlocher „Stern"; Nähmaschine; Nähgarn; Tacky Tape (von KnorrPrandell); Computerschriften: „Unsiverity Ex", „Punch Label"*

So wird's gemacht:

1. Die Tapete auf die entsprechende Größe zuschneiden. Tapetenstücke in asymmetrische Streifen schneiden und auf ein Tapeten-Rechteck kleben. Die Ränder der jeweiligen Streifen sorgfältig umnähen. Mit Tacky Tape auf die Tapete kleben und das Hauptfoto darauf ausrichten.
2. Den gewünschten Text auf Architektenpapier ausdrucken. Dabei die einzelnen Worte mit einer anderen Schrift hervorheben. Den Namen aus Kieselsteinen aufkleben. Aus der Tapete Sterne ausstanzen und festkleben. Die Fotoclips dekorativ anbringen.
3. Für die rechte Albumseite die Tapetenborte über die ganze Seite kleben und darauf die Fotos befestigen. Text mit Ösen auf einem goldfarbenen Tapetenstück befestigen, Fotoclips verteilen.

Tapete lässt sich genauso bedrucken wie Papier. Einfach die Tapete in den manuellen Druckereinzug legen. Die Schrift eventuell mit Haarspray besprühen, damit nichts mehr verwischen kann.

Jeder von uns bekommt sein eigenes Bild

Manche Papiere sind so schön, dass es fast schade ist, sie nur für Alben zu verwenden. Mit den Scrapbooking-Materialien lassen sich auch Gebrauchsgegenstände in kleine Kostbarkeiten verwandeln. Lassen Sie sich inspirieren und geben so Ihrer Wohnung eine ganz persönliche Note.

Schlüsselbretter für alle!

von Simea Gut

***Material:** 3 Keilrahmen, 20 x 20 cm; Papiere, gemustert („Sublime", von Basic Grey); Mini-Sicherheitsnadel; Metallrähmchen; Mini-Brads in Orange; Band in Rot (alles von Making Memories); Haken (aus dem Baumarkt); Bänderreste; Nägel; Tacker; doppelseitiges Klebeband; Schere; Computerschrift: „Lintsec"*

So wird's gemacht:

1. Die Keilrahmen komplett mit Papier überziehen. Dazu das Papier jeweils um einen Keilrahmen wickeln und auf der Rückseite des Rahmens mit dem Tacker befestigen.
2. Aus dem Wörter-Papier geeignete Attribute aussuchen, ausschneiden und aufkleben. Den Anfangsbuchstaben der jeweiligen Personen auf gemustertem Papier ausdrucken, ausschneiden und mit Bändern verzieren (siehe Foto).
3. Je einen Buchstaben auf einen Keilrahmen kleben. Die Schwarz-Weiß-Fotos hinter die Metallrähmchen kleben und diese dann unten in der Mitte auf dem Keilrahmen befestigen. Mit gleichem Abstand links und rechts davon mit einem Nagel die Haken anbringen und an diese Schlüssel und persönliche Accessoires hängen.

Material-Tipp:
Von vielen Herstellern gibt es aufeinander abgestimmte Papier- und Accessoires-Serien. Von dem hier verwendeten Hersteller Basic Grey gibt es unterschiedliche Papiere, Sticker, Alben etc., die perfekt zueinander passen. Das spart Zeit für das mühevolle Zusammensuchen von geeigneten Materialien, die Sie besser für weitere Basteleien nutzen können!

MOTHER
babe
Princess
DAUGHTER
sweetheart
father
papa
Dad
DUDE

Erzähl mir von früher …

Kinder können einem Löcher in den Bauch fragen: Hast du das auch gemacht, als du klein warst? Was für Kleider hattest du an? Hattest du ein Haustier? Warst du gut in der Schule? Trauen Sie sich doch mal, alle diese Fragen in einem kleinen Mini-Album zu beantworten. Ihre Kinder werden Sie dafür lieben!

Das Album bekommt ein Cover, ein Inhaltsverzeichnis und Seiten, die immer so aufgebaut sind, dass auf der einen Seite Mama, auf der anderen Seite Papa berichten.

„In deinem Alter"

von Simea Gut

Material: *Karton in Gelb und Grün; Papier, gemustert („Tim Coffrey" von K&Company); Quadratstanzer; Foto-Klebe-Pads; Computerschrift: „Comic Book Comando"*

So wird's gemacht:

1. Für das Inhaltsverzeichnis die Kapitel festlegen (siehe Beispiele). Dabei darauf achten, dass für alle Kapitel auch Fotos vorhanden sind.
2. Kapitelüberschriften auf dem Computer schreiben, auf grünem Karton ausdrucken und diese dann in Streifen schneiden. Passende Fotos von Mama und Papa mit dem Quadratstanzer ausstanzen und zu den jeweiligen Überschriften kleben. Inhaltsstreifen in gleichmäßigen Abständen auf das Papier kleben.
3. Die Fotos für den Innenteil auf passende Größen zuschneiden. Die Namen von beiden Elternteilen und beschreibende Begriffe sowie einen kleinen persönlichen Bericht von beiden auf dem Computer schreiben und auf gelbem Karton ausdrucken. Fotos und Text arrangieren und mit Foto-Klebe-Pads befestigen. Wie mit der hier gezeigten Innenseite „Hobbys" können Sie mit allen weiteren Innenseiten verfahren.

Flexibler Verwandlungskünstler

Dieses Layout kann man auch für ganz andere Alben benutzen, z. B. ein Album über alle Freunde oder von allen Geburtstagen. Mini-Alben sind ideal, um Reste zu verwerten, da man viele übrig gebliebene Fotos verwenden kann, die vielleicht nicht die erste Wahl sind, aber trotzdem über interessante, aussagekräftige Details verfügen. Schneiden Sie einfach alles ab, was Ihnen überflüssig erscheint – so bekommen Sie außerdem auch noch richtig viele Fotos auf einer Seite unter.

Mini-Alben sind perfekt für alle, die es eilig haben, denn aufgrund ihres Formats sind sie sehr schnell gemacht.

Familien-Bande

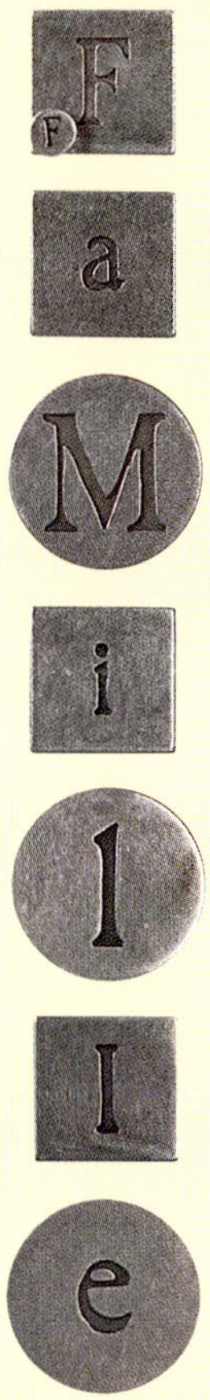

Für jedes Familienmitglied einen eigenen kleinen Keilrahmen und diese alle miteinander verbunden – hübsch, oder? Das passt auch inhaltlich perfekt – wir hängen aneinander!

Viele Mini-Keilrahmen als Gesamtkunstwerk

von Simea Gut

Material: *9 Keilrahmen, 10 x 10 cm; Marabu-Decormatt Acryl in Hautfarbe, Mittelgelb und Weiß; Papiere, Anhänger, Blumen und Buchstaben (alles aus dem Swatchbook Banane, von Déjà Views über Kars); Mini-Brads in Rot; Gelb und Grün; Satinband in Zartgelb; Metallbuchstaben und Ösenbuchstaben (von Making Memories); Stempelkissen in Rot; 24 Ringschrauben; Hammer; Pinsel; doppelseitiges Klebeband; Schneidegerät*

So wird's gemacht:

1. Die Fotos mit weißen Rahmen im Format 5 x 8 cm entwickeln lassen.
2. Die Acrylfarben mischen, die Keilrahmen bemalen und trocknen lassen.
3. Auf jeden Rahmen Papier, eine Blume, den Anfangsbuchstaben der Person und das Foto arrangieren und aufkleben.
4. Für den Titel zwei Keilrahmen aneinander kleben und mit Papier und Metallbuchstaben ausgestalten (siehe Foto). Alle Metall- und Ösenbuchstaben mit doppelseitigem Klebeband befestigen. Die Kanten der Keilrahmen mit dem Stempelkissen unregelmäßig einfärben.
5. Die Keilrahmen so anordnen, wie sie später befestigt werden sollen. Dann die Ringschrauben jeweils 1,5 cm von beiden Kanten entfernt anbringen. Dazu die Schraube mit dem Hammer ein Stück einschlagen und dann hineindrehen. Die Keilrahmen an den Schrauben mit Satinband zusammenknoten und die Bandenden stehen lassen.

Bei diesem Modell wurde an den Ösenbuchstaben die Aufhängung weggeschnitten, damit sie besser lesbar sind.

friends
happy
Live
wonderful
R
A
love
S
happy
L
N

Es leuchtet ein Foto ...

Ein Familienfoto schmückt fast jede Wohnung. Ebenso manch dekorative Lampe. Aber wer sagt, dass man nicht beides verbinden kann? Architektenpapier macht es möglich: Bilder, die leuchten und eine wunderschöne Stimmung zaubern.

Anhänger (Tags) können Sie ganz leicht selber aus Papier und Karton gestalten. Es gibt sie auch bereits fertig zu kaufen (z. B. von Making Memories).

Bilderlampe

von Julia Wittek

Material: *Keilrahmen, 50 x 60 cm; Lichterkette mit 20 Birnen; Architektenpapier in Weiß; Karton; Scrabblepapier (von Kars); Strukturpaste; Marabu-Decormatt Acryl in Elfenbein und Metallic-Gold; Stempelkissen in Braun; Perlenmischung; Schleifenverzierung (von MDF); runder Anhänger und Metallbuchstaben (beides von Making Memories); Schere; Löffel; doppelseitiges Klebeband*

So wird's gemacht:

1. Jedes Familienmitglied einzeln vor demselben Hintergrund mit einer Digitalkamera fotografieren. Die Fotos anschließend am Computer bearbeiten und in Sepia (Braunton) einfärben. Dann die Fotos auf Architektenpapier ausdrucken.
2. Den Keilrahmen gleichmäßig in Elfenbein bemalen und trocknen lassen. Fünf gleich große Rechtecke auf den Keilrahmen zeichnen. Mit einer scharfen Schere ausschneiden und die Fotos mit doppelseitigem Klebeband hinter die Bildausschnitte kleben.
3. Aus Karton gleich große Rahmen ausschneiden und in Metallic Gold bemalen. Die Rahmen nach dem Trocknen über den Schnittstellen anbringen. Die Breite des Rahmens lässt sich gut nutzen, um eventuell nicht ganz exakte Schnitte zu verdecken.
4. Mit dem Stempelkissen den Keilrahmen einfärben. Die Strukturpaste mit einem Löffel oder Spachtel auf den Rand auftragen und mit Perlen bestreuen. Gut trocknen lassen. Danach auch die Reliefs mit dem Stempelkissen unregelmäßig einfärben. Auf der Rückseite des Keilrahmens die Lichterkette mit Reißnägeln befestigen. Eventuell zusätzlich mit transparentem Klebeband verstärken.
5. Die Namen der abgebildeten Personen aus Scrabblepapier ausschneiden und am jeweiligen Bildrahmen anbringen. Die Metallbuchstaben für das Wort „Wir" mit Metallic-Gold einfärben, damit sie besser lesbar sind. Nach dem Trocknen auf einen Anhänger kleben. Den Anhänger und die Schleife unregelmäßig mit Acrylfarbe in Elfenbein bemalen und beides auf dem Keilrahmen oben mittig festkleben.

Gestaltungs-Tipp:
Natürlich kann man auch weniger Fotos verwenden, eventuell sogar nur ein großes. Je größer die Transparentpapierfläche ist, desto heller leuchtet die Lampe. Sie können auch zusätzlich kleine Löcher schneiden und die Lämpchen der Lichterkette hindurch stecken.

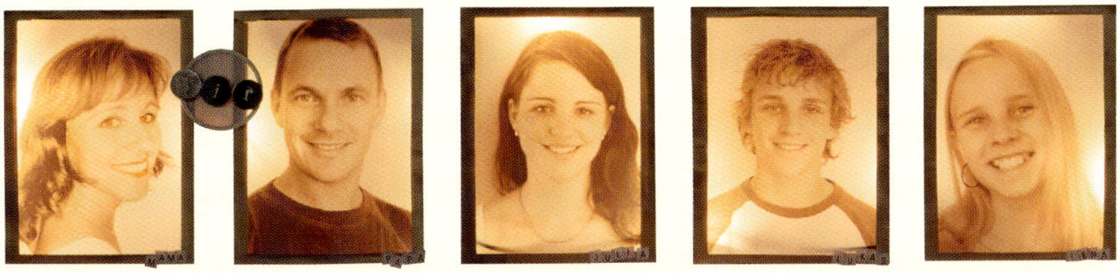

Wir
MAMA
PAPA
LUKAS

Scrapbooking ganz praktisch!

Homedecoration ist Trend. Anstelle von Fließbandware legen viele Menschen lieber selbst Hand an und gestalten ihr Zuhause individuell und persönlich. Zum Beispiel mit einem Türschild inklusive Stimmungsbarometer.

Ecken lassen sich am besten mit ganz speziellen Ecken-Stanzern verzieren (z. B. von Kars, Efco). Einfach an die Ecken von Foto oder Papier anlegen und ein Stück abstanzen. Ecken-Stanzer gibt es in vielen verschiedenen Ausführungen.

Gutschein „Babysitting"

von Simea Gut

Material: *Karton in Beige und Creme; Architektenpapier in Braun; Scrabblepapier (von Kars); Motivlocher „Bär" und „Kreis" (von Rayher); Metallbuchstabe „G"; Stempelkissen in Braun; Ecken-Stanzer; Miniösen; Ösenwerkzeug*

So wird's gemacht:

1. Den Karton in Beige mit dem Stempelkissen am Rand einfärben, dann mit cremefarbenem Karton hinterlegen. Das Foto auf die passende Größe zuschneiden und aufkleben.
2. Aus dem Architektenpapier zunächst mit dem Motivlocher Kreise und in die Kreise dann Bären stanzen. Die Kreise mit Miniösen befestigen. Den Titel bis auf den Anfangsbuchstaben aus Scrabblepapier ausschneiden und aufkleben.

Computer-Tipp: Computerschriften gibt es zum kostenlosen Downloaden auf verschiedenen Internetseiten. Geben Sie einfach in Ihre Suchmaschine „Free Fonts" ein und gehen Sie auf die Seiten, die Sie dort finden. Das Installieren von Schriften ist ganz einfach: Schrift herunterladen, mit dem Programm „WinZip" entpacken, dann die Schriftdatei in den Ordner Fonts im Windows-Ordner verschieben.

Gutschein-mania!

Gutscheine mit Fotos sind eine originelle Idee, und nett verscrappt landen sie auch nach dem Einlösen eher an der Wand und nicht im Papierkorb. Lassen Sie Ihre Fantasie spielen und überlegen Sie sich, ob Sie so einen Gutschein nicht auch für andere Themen basteln können. Wie wäre es z. B. mit einem Foto vom Auto für einen „Gutschein für Fahrstunden" oder einem Foto von Pasta als „Gutschein für ein italienisches Drei-Gänge-Menü bei uns daheim"? Es gibt unzählige Anlässe für kreative Foto-Ideen, man muss nur die Augen offenhalten. Und im Zeitalter der Digitalkameras ist nichts leichter, als einen Ordner auf dem Computer anzulegen, wo solche Fotos für den richtigen Gutschein-Moment gesammelt werden.

Türschild „Daniela"
von Simea Gut

Material: *Holzschild; Karton in Braun; Papier mit Blumen und Schrift; Aufkleber „Secrets" (von K&Company); Architektenpapier in Braun; Marabu-Krakelee-Medium; Marabu-Decormatt Acryl in Beige und Hellbraun; Kieselsteine; Mini-Brads; Metallrahmen und Metallbuchstaben (von Making Memories); Anklopfer (Fundstück); Bildaufhänger; Paketband; Schleifpapier; Föhn; Tacky Tape; Computerschriften: „Eileen Caps", „Killigraphy"*

So wird's gemacht:

1. Den Rahmen des Holzschildes mit brauner Farbe bemalen und gut trocknen lassen. Dann das Krakelee-Medium gleichmäßig darüber streichen und trocken fönen. Je mehr Medium Sie verwenden, desto feiner werden die Risse, hierzu auch die Herstellerangaben beachten.
2. Nun die beige Farbe in einer Pinselrichtung auftragen: Es erscheinen sofort die Risse. Den Rahmen erneut gut trocknen lassen. Das gemusterte Papier und das braune Architektenpapier dekorativ übereinander kleben.
3. Das Foto an allen vier Ecken lochen und mit Mini-Brads versehen. Anschließend leicht schräg auf das Papier kleben und in der Mitte des Holzschildes festkleben. Die Metallbuchstaben für eine Antik-Optik wahlweise mit Farbe, Schleifpapier oder Kreide bearbeiten. Auch den Rahmen an den Rändern mit Schleifpapier bearbeiten, bis ein unregelmäßiger dunkler Rand zu sehen ist.
4. Die Buchstaben „Hier" oben auf den Rahmen des Holzschildes und den Namen der Bewohnerin unten aufkleben. Das Wort „wohnt" und den Anfangsbuchstaben im Metallrahmen auf dem Foto befestigen.
5. Aus Karton ein passendes Schild zuschneiden und an beiden Seiten lochen. Das Paketband durchziehen und am Rahmen befestigen. Die Wörter „Bitte anklopfen" und für die Rückseite „Hereinspaziert" auf dem Computer schreiben. Beides auf braunem Papier oder Architektenpapier ausdrucken und aufkleben.
6. Türklopfer und Aufkleber nach Geschmack anbringen. Zum Schluss einen Bildaufhänger auf der Rückseite des Rahmens befestigen.

Zum Aufkleben von Metall eignet sich am besten doppelseitiges Klebeband oder Tacky Tape.

Ein originelles Büchlein

Minibücher sind ideale Geschenke. Man kann diese Alben aus originellen Materialien herstellen, wie hier beispielsweise aus Mini-Keilrahmen, die überall erhältlich sind. Schön verziert sind sie eine nette Huldigung einer guten Freundschaft.

Für die beste Freundin

von Julia Wittek

Material: *2 Keilrahmen, 10 x 10 cm; Marabu-Decormatt Acryl in Lavendel und Weiß; Karton in Weiß; Papier, gestreift; Metallbuchstaben („Charms Alphabet"); Ösen in Lila; Tackernadeln in Lila; Band in Lavendel (alles von Making Memories); selbstklebende Bänder in Lila („Funny Ribbons" von Make ME); Strasssteine in Lila; Knopf in Lila; Transparentpapier in Weiß; Stift in Lila (alles über Kars erhältlich); Klettverschluss; Tacker; Pinsel; doppelseitiges Klebband; Schneidegerät; Computerschrift: „Signature"*

Aufgeklappt ein von Herzen kommender Freundschaftsbeweis ...

So wird's gemacht:

1. Je ein 10 x 10 cm großes Kartonstück auf der Rückseite der Keilrahmen befestigen. Die Farben Weiß und Flieder mischen und damit die Keilrahmen auf der Vorder- und Rückseite bemalen.
2. Gemusterte Papiere in kleine Rechtecke schneiden und auf beiden Keilrahmen verteilen. Einige davon mit einfarbigem Karton umranden. Die Papiere zuerst dekorativ tackern und anschließend aufkleben.
3. Einen treffenden Spruch über Freundschaft auf farbigem Papier ausdrucken, ausschneiden und ebenfalls aufkleben. Das Foto umrahmen und aufkleben. Ein Band darüber anbringen und Strasssteine dekorativ aufkleben.
4. Für den Titel das Wort „Friends" aus verschiedenen Metallbuchstaben aufkleben. Den ersten Buchstaben etwas größer wählen und bemalen. Das „i" besteht aus Strasssteinen. Den Buchrücken mit selbstklebenden Bändern fixieren. Dafür erst einige Bänder quer, dann drei in einer anderen Farbe längs kleben, um den Übergang der beiden Rahmen sowie die Enden der anderen Bänder zu überdecken.
5. Den Klettverschluss auf die Größe des Knopfes schneiden. Dann einen Teil vorne auf dem Buch, den zweiten Teil am Bändchen befestigen, darüber den Knopf kleben. Zum Schluss das Band auf der Rückseite des Buches festkleben.

... zugeklappt ein hübscher Hingucker, der neugierig macht.

Typisch Mädchen!

Viele Menschen haben gerne einen schönen Wahlspruch an einem Ort, den sie immer sehen können. Mit passenden Fotos dekoriert schaut man gleich noch mal so gerne hin. Die Fotos der süßen Ballettratte sind gleich ein ganzes Mini-Album wert. Mit einigen Grundmaterialien und ein paar Fundstücken vom Flohmarkt ist ein wertvolles Erinnerungsbüchlein ganz schnell fertig.

Bild mit Spruch

von Simea Gut

Material: *Keilrahmen, 20 x 30 cm; Marabu-Decormatt Acryl in Cyan; Karton in Schwarz und Türkis; Mini-Brads in Türkis (von Making Memories); Zip eMate-Gerät und Stanzer „Kreise" (alles über Kars erhältlich); Band, schwarz-weiß gepunktet; Pinsel; doppelseitiges Klebeband; Schneidegerät; Schere; Computerschrift: „Rogers"*

So wird's gemacht:

1. Die Vorderseite des Keilrahmens mit Schwarz bemalen und trocknen lassen. Dann die Seiten des Keilrahmens mit Cyan bemalen und ebenfalls trocknen lassen.
2. Das größere Foto mit Karton in Schwarz im Wechsel mit Türkis dreifach rahmen (siehe Foto). Das kleinere Foto mit Karton in Türkis rahmen.
3. Kreise und Ringe aus dem türkisfarbenen Karton ausstanzen und mit doppelseitigem Klebeband aufkleben. Einige auch über den Rand laufen lassen und abschneiden.
4. Den Text auf dem Computer schreiben und auf Karton in Türkis ausdrucken. Text und Fotos aufkleben, dabei das kleinere Foto leicht schief über das große Foto kleben und oben etwas überstehen lassen. An zwei Stellen jeweils mit Brads ein Bandstück befestigen.

Ballettratte

von Simea Gut

Material: *Mini-Album Cover und Innenteil (von Making Memories); Strohseide in Rosa; Shape Cutter und Schablone oval (von Fiskars); Schleifenband in Rosa; 3-D-Blumen und Spiegelsticker (von Rayher); Strasssterne; Ballettanhänger (Fundstücke); Stempelkissen in Dunkelrosa; Tacky Tape; Computerschrift: „Comic Sans MS"*

So wird's gemacht:

1. Das Cover mit Strohseide bekleben und gut andrücken. Dann zunächst das große Foto links aufkleben. Das kleinere Foto mit Hilfe der Schablone und dem Shape Cutter oval zuschneiden und fast bis zur Hälfte über das große Foto kleben.
2. Den Titel auf dem Computer schreiben. Auf passendem Papier ausdrucken, ausschneiden und aufkleben. Die 3-D-Blumen auf dem Cover verteilen.
3. An den rechten Rand Fundstücke zum Thema kleben. Den Rand mit dem Stempelkissen rosa einfärben. Zuletzt das Innenteil mit Hilfe von Tacky Tape mit dem Cover verbinden.

Natürlich können Sie das Prinzip dieses Albums auf alle Hobbys oder Sportarten übertragen. Materialien und Fotos austauschen, Grundstruktur beibehalten und fertig ist zum Beispiel ein tolles Fußball-Album!

Tolles für Teens

Für Jugendliche sind Fotos eine gute Gelegenheit, um ihr Erwachsenwerden zu dokumentieren. Außerdem sind sie interessiert an ihrer eigenen Geschichte. Sie sollten deswegen das Scrapbooking selber einmal ausprobieren und tolle moderne Werke schaffen.

Liebespaar

von Julia Wittek

Material: *Keilrahmen, 50 x 60 cm; Karton in Weiß; gemustertes Papier, Anhänger und Aufkleber („Savvy", von S.E.I.); Architektenpapier in Weiß; Knöpfe in Transparent; Stickgarn mit Verlauf in Blau; Ösen in Blau; Marabu-Decormatt Acryl in Hellgrau; Ösenwerkzeug; Sprühkleber; Filzstift in Schwarz*

So wird's gemacht:

1. Den Keilrahmen in Hellgrau bemalen und gut trocknen lassen. Dann verschiedene Papiere dekorativ übereinander legen und aufkleben. Die beiden Hauptfotos mit weißem Karton hinterlegen und den Anfangsbuchstaben der abgebildeten Personen auf die Bilder kleben.

2. Die Fotos auf die linke Bildseite kleben. Beide Namen auf einen Anhänger schreiben und diesen mit einer Öse verzieren. Eine Schnur durchziehen und auf dem Keilrahmen festkleben. Eine Nahaufnahme unter Architektenpapier legen und mit Garn oben und unten über dem Papier befestigen.

3. Ein weiteres Foto an den Ecken mit Ösen verzieren und etwas überlappend auf ein ähnliches Bild kleben. Beide zusammen in der oberen rechten Bildhälfte anordnen. Den Titel mit Aufklebern anbringen und die Buchstaben mit einem Stift umfahren, damit sie besser lesbar sind. Zum Schluss transparente Knöpfe nach Belieben aufnähen.

Meike-Momente

von Julia Wittek

Material: *Papier, gestreift; Transparentpapier, Anhänger und Aufkleber („Savvy", von S.E.I.); Tonpapier in Weiß und Grau; Stickgarn mit Verlauf in Blau; Filzstift in Schwarz; transparente Knöpfe; Öse in Blau; Ösenwerkzeug*

So wird's gemacht:

1. Das Hauptfoto so auf das Tonpapier kleben, dass Platz für die Jahreszahl und den Anfangsbuchstaben bleibt. Das gestreifte Papier in breiten Streifen auf die beiden Seiten kleben, siehe Foto.
2. Ein Stück graues Tonpapier ausreißen und links auf das Transparentpapier legen. Auf einen Anhänger den Namen der abgebildeten Person schreiben, einen Knopf aufnähen und ein Band befestigen. Alles schräg über das graue Papierstück kleben.
3. Das Wort „Momente" mit Aufklebern gestalten. Dafür den Anfangsbuchstaben selbst entwerfen und auf einem Anhänger befestigen. Diesen mit einer Öse verzieren und aufkleben. Die Buchstaben zusätzlich mit schwarzem Filzstift umranden, damit sie besser lesbar sind.
4. Auf der rechten Seite Wörter und Buchstaben entweder schreiben oder mit Stickern aufkleben. An passender Stelle noch zusätzlich einen transparenten Knopf annähen.

Portrait-Fotos müssen nicht immer zu einem speziellen Anlass gemacht werden. Spontan entstehen oft die interessantesten Bilder.

Ein einzigartiges Gesicht

Wenn Sie die Vorderseiten von Alben gestalten, empfiehlt es sich, diese Seiten zu laminieren. Denn diese Seiten werden am meisten beansprucht.

Alben gestalten, das ist Scrapbooking! Und schöne Innenseiten brauchen natürlich auch ein ansprechendes Äußeres. Mit liebevoll gearbeitetem Einband machen Fotoalben und Tagebücher gleich nochmal soviel her!

Freundeskreis

von Julia Wittek

Material: *Album in Hellbau; Tonpapier in Hellgrau; Papier mit Kreisen, Anhänger und Aufkleber („Savvy", von S.E.I.); Stickgarn mit Verlauf in Blau; Filzstift in Schwarz; Öse in Blau; Ösenwerkzeug*

So wird's gemacht:

1. Das graue Tonpapier mit Ösen und Schnur verzieren und auf das Album kleben. Aus dem gemusterten Papier eine Kante reißen und auf das graue Tonpapier kleben. Dabei sollte sich einer der Kreise in der oberen rechten Ecke befinden.
2. Die Fotos mit grauem Tonpapier hinterlegen, so dass noch etwas Platz zum Schreiben bleibt. Die Namen der Freunde in den oberen rechten Kreis schreiben.
3. Auf den unteren Rahmen über das Foto „Fuß an Fuß" schreiben und mit Ösen befestigen. Den Titel auf einen Anhänger schreiben, mit einer Öse verzieren und aufkleben. Das Wort „Kreis" mit Aufklebern anbringen und zusätzlich mit einem Filzstift umranden.

Tagebuch

von Julia Wittek

Material: *Notizbuch mit Herzfenster; Karton in Weiß; Transparentpapier, gestreift; Anhänger und Aufkleber („Savvy", von S.E.I.); Stickgarn mit Verlauf in Blau; Filzstift in Schwarz; Öse in Blau; Ösenwerkzeug*

So wird's gemacht:

1. Den Einband mit weißem Papier beziehen. Das Wort „Mein" mit einem Filzstift auf den runden Anhänger schreiben. Den Anhänger mit einer Öse verzieren und links oben befestigen.
2. Das Wort „Tage" mit Aufklebern anbringen. Die Konturen der Buchstaben mit dem Filzstift umrahmen, so sind sie besser lesbar. Das Wort „Buch" wird nicht geschrieben, sondern bildhaft auf ein Stück graues Papier gemalt und von hinten in den Herzausschnitt geklebt.
3. Das Stickgarn durch das Transparentpapier ziehen und auf einer Seite eine Schleife binden. Das Foto darauf setzen und beides auf das Cover kleben.

LYDIA
JULIA
THIRZA
ELIANE
KARIN
RENATE
KOPF AN KOPF
KREIS
FUSS AN FUSS
MEIN
TAGE
BUCH

Aufgestellt!

Manchmal, wenn man sich alleine fühlt, ist es schön, wenigstens die lieben Gesichter von Freunden um sich zu haben. Da erblüht innerlich etwas und man fühlt sich gleich besser … Aufgestellt, sozusagen!

Leporello „Freunde"

von Simea Gut

Material: *Tonpapier in Weiß, DIN A5; Transparentpapiere „Flora" (von Ursus Bähr); Architektenpapier in Weiß; Motivlocher „Kreis", mittel und klein; Motivlocher „Blume", klein; Dekoblumen und Blüten; Karton in passenden Tönen; Spiegelmosaiksteine; Nähmaschine; Nähgarn; Filzstift in Schwarz; Foto-Klebe-Pads*

So wird's gemacht:

1. Den großen Bogen Tonpapier in der Mitte teilen, dann sechs Mal falten, so dass ein Aufsteller, ein sogenanntes Leporello, entsteht. Die Transparentpapiere in den entsprechenden Seitengrößen zuschneiden und aufkleben.
2. Für die Vorderseite Papierreste reißen und dekorativ übereinander kleben. Mit der Nähmaschine am Rand entlang nähen. Mit dem mittle-

Die für dieses Modell verwendeten Papiere sind nicht säurefrei und die Arbeit ist deswegen auch nicht zeitlos. Um das zu vermeiden, können Sie spezielle Scrapbooking-Papiere mit Blumenmotiven verwenden.

ren Motivlocher „Kreis" aus dem Architektenpapier Kreise ausstanzen. Mit dem kleinen Locher farbige kleine Kreise ausstanzen und auf die großen Kreise kleben.

3. Auf die bunten Kreise das Wort „Freunde" schreiben. Die Namen der Personen um die bunten Kreise herum schreiben. Die Fotos zurechtschneiden und an geeigneten Stellen des Fotos Blumen ausstanzen. Diese Blumen dann auf die farbigen Kreise setzen. Nun die Kreise sowie die Fotos auf den Seiten festkleben.

4. Die Vorlage für die Umschläge abpausen und farblich passend zu den Seiten herstellen. Einen Spiegelmosaikstein auf jedem Umschlag befestigen und passende Blüten an den jeweiligen Seiten anbringen.

Leporello für Freunde

Wenn Sie sowieso gerade am Leporello-Basteln sind, warum dann nicht alle Fotos mehrmals entwickeln, das Material mehrfach besorgen und mit Ihrem Leporello „in Produktion" gehen? Dann sind nicht nur Sie aufgestellt, wenn Sie Ihre Freunde um sich haben, sondern Sie können auch gleich noch Ihren Freunden sagen, wie sehr Sie sie schätzen! Die kleinen Umschläge werden dann übrigens mit Nachrichten gefüllt – setzen Sie sich zusammen und schreiben Sie sich kleine Nettigkeiten! Sie werden sehen, wie das verbindet und wie viel Freude es macht!

Kreativ-Tipp:
Fotos haben oft Stellen, die uns nicht so gefallen oder die vom Hauptmotiv ablenken. Wenn Sie diese aber nicht immer wegschneiden wollen, können Sie sich auch folgendermaßen behelfen: Einfach Motive ins Foto stanzen, so dass der Blick des Betrachters automatisch auf das Wichtigste fällt: Den Menschen. Andere Alternativen um zu überdecken sind Rub-ons, Aufkleber ...

Das ganz andere Tagebuch

Es macht richtig Spaß, zu überlegen, wo man bei geschichtlichen Ereignissen war, und wie man diese erlebt hat!

Meistens verbasteln Scrapbooker immer nur Fotos von anderen Menschen und bleiben selbst auf der Strecke. Das sollte nicht sein, denn Menschen, die unsere Alben anschauen, werden sich auch dafür interessieren, wer sich da verkünstelt hat! Deswegen haben wir angefangen, tagebuchartige Seiten zu gestalten. Fotos sind hier zweitrangig, im Vordergrund steht der Text. Damit der Mensch hinter dem Werk nicht untergeht …

Geschichte

von Simea Gut

Material: *Karton in Braun und Beige; gemusterte Papiere (von K&Company); alte Fundstücke wie Uhren, Metallplaketten, Aufkleber etc.; Nähmaschine; Nähgarn; Klebestreifen; Wasserschüssel*

So wird's gemacht:

1. Die entsprechenden Texte auf dem Computer schreiben und auf Karton in Beige ausdrucken. Zu jedem Ausdruck noch die Jahreszahl aus Stickerresten und Ähnlichem kleben. Als Hintergrund für die Seite eine Collage aus den Papieren anfertigen.
2. Das Foto an den Rändern mit Schleifpapier bearbeiten und den Rändern entlang mit der Nähmaschine nähen. Einen Rahmen um das Gesicht kleben. Eine Farbkopie des Gesichtes bearbeiten wie auf Seite 5, Punkt 5 beschrieben und auf die rechte Seite kleben. Texte und Titel aufkleben. Zum Schluss noch Dekomaterialien nach Geschmack anbringen.

Ich-Seiten

Interessante Themen für Seiten über sich selbst sind folgende:

- Meine Vorbilder (und warum)
- Mein peinlichster Moment
- Wer (wie) ich bin (und warum ich so bin)
- When I'm 64 …
- Meine Hoffnungen
- Die 10 wichtigsten Erfahrungen in meinem Leben
- Was mir bestimmte Orte bedeuten
- Lieblingsbeschäftigungen
- Was ist die beste Zeit am Tag?
- Was ich glaube
- Wofür ich dankbar bin
- Was ich Dir noch sagen wollte (und wozu ich jetzt keine Möglichkeit mehr habe)
- Lieblingserinnerungen
- Erinnerungen eines Jahres
- Wie man mich zum Lachen bringt/Wie man mich zum Weinen bringt
- Meine Lieblingsjahreszeit und was sie ausmacht
- Was mein Lieblingslied (mein Lieblingsfilm/ … Gedicht … Farbe) über mich aussagt
- Ich und die Technik
- Meine wichtigste Anschaffung im letzten Jahr
- Was ich glaube
- Ein stinknormaler Tagesablauf (mit Zeitleiste)
- Mein Lieblingsfest (und warum)
- Wem ich gerne die Hand schütteln würde
- Woran ich merke, dass ich älter werde
- Wie ich aussah durch die Jahre und wo ich mich am meisten mochte
- Mein größter Wunsch
- Mein Traumhaus
- Vor 10 Jahren, heute, in 10 Jahren

Traumhafte Strände

Der ungezähmte Ozean, einsame Strände, das Rauschen des Windes – das würde man gerne festhalten. Wer sagt, dass das nicht geht? Gesammelte Materialien und tolle Fotos machen es möglich: So holen Sie den Sommer nach Hause!

Fotos lassen sich perfekt mit Rub-ons beschriften. Das sieht aus, als wäre es gedruckt.

Meer in England

von Simea Gut

Material: *Kartons in verschiedenen Brauntönen; Papier in Beige; Nadel; Faden; Fotopapier „Steine" (von Wübie); Strohseide in Hellblau; Rub-ons „Heidi" (von Making Memories); Rub-ons „Wörter", klein (aus dem Bürofachhandel); Fisch und Anker (von zwei Kärtchen von Rayher entnommen); Nähmaschine; Nähgarn*

So wird's gemacht:

1. Für die linke Albumseite das beige Papier auf dunkleren Karton kleben und beides wieder auf helleren Karton nähen. Für die rechte Seite beiges Papier nass machen und zu einem Ball zusammenknüllen. Wieder auseinander falten, glatt streichen und trocknen lassen. Dann das Papier in Stücke reißen und die Papierstücke auf helleren Karton nähen.
2. Nun das Steinpapier in Quadratform reißen und in die Mitte kleben. Das Foto zunächst auf einen beigen Rahmen kleben und dann auf einem Stück Strohseide befestigen. Die Ränder der Strohseide etwas zurechtreißen und anschließend alles zusammen auf das Steinpapier kleben. Fisch und Anker mittig unter dem Foto anbringen.
3. Die Fotos für die rechte Albumseite in Form reißen, zwei der Fotos zusätzlich auf Strohseide kleben. Jedes Foto auf eines der aufgenähten Papierfelder kleben. Zum Schluss wie auf Seite 22 beschrieben die Wörter aufrubbeln.

Live by the sea

von Simea Gut

Material: *Karton in Hellblau; gestreiftes Papier in Blau; Architektenpapier in Weiß; Snaps in Hellblau; Memorabilia-Taschen (von Efco); Rub-ons (von Making Memories); Strandgut (z. B. Muscheln; Netz, Gräser, Steine und Treibholz); Computerschrift: „Adler“*

So wird's gemacht:

1. Je einen breiten Streifen des hellblauen Kartons senkrecht auf eine Seite des gestreiften Papiers kleben. Zwei Fotos für jede Seite auswählen und aufkleben.
2. Das Strandgut in die Memorabilia-Taschen füllen und rechts auf dem Kartonstreifen fixieren. Ein Stück Netz auf die untere linke Ecke legen und entweder festnähen oder festkleben.
3. Den gewünschten Text auf dem Computer schreiben und auf dem Architektenpapier ausdrucken. Auf Fotogröße zurechtschneiden und mit den Snaps über dem Foto befestigen. Zuletzt die Jahreszahl mit den Rub-ons aufrubbeln.

Foto-Tipp:
Fotografieren Sie im Strand-Urlaub Folgendes: Den Sonnenauf- oder -untergang, den Weg zum Strand, die netten Urlaubsbekanntschaften, Ihr Kind im Sand, den Sonnenbrand, Ihren Fußabdruck im nassen Sand und den Ihrer ganzen Familie, alle beim Lesen am Strand, den aufdringlichen Souvenir-Verkäufer …

Für den Paris-Urlauber

Keilrahmen können auch ganz schön praktisch sein: Man kann sie beim Gestalten einem bestimmten Zweck anpassen: Hier haben wir eine tolle Collage gestaltet, die gleichzeitig ein Gutschein ist. Wieder zu Hause weckt das Bild an der Wand schöne Reiseerinnerungen.

Gutschein für Paris-Reise

von Simea Gut

Material: *Keilrahmen, 10 x 50 cm; Marabu-Decormatt Acryl in Hellbraun und Elfenbein; Marabu-Krakelee-Medium; Vintage-Papiere (von Life's Journey und Basic Grey); Stempelkissen in Braun; Bänder in Rot („Funny Fibers" von Making Memories); Verzierungen „Reise" (von Scrapbook-Basics); Rub-ons; Mini-Brads in Beige und Ettikettenhalter rechteckig (von Making Memories); Zip eMate-Gerät und Zip eCut; Vintage-Briefmarke (alles über Kars erhältlich); Baumwollstoff zum Bedrucken „Cotton Jet" (über Bastelfachhandel); Nähmaschine; Faden in Braun; Stift in Schwarz; Tacker; Pinsel; doppelseitiges Klebeband*

So wird's gemacht:

1. Den Keilrahmen in Hellbraun bemalen und trocknen lassen. Auf manche Stellen Marabu-Krakelee-Medium auftragen und trocken föhnen. Über diese Stellen Elfenbein auftragen und erneut trocknen lassen. Die Farbe wird durch das Krakelee-Medium reißen, siehe hierzu auch Seite 57, Punkt 1.
2. Dann die Papiere aufkleben. Für den Titel das Wort „Gutschein" von der Vorlage auf Vintage-Papier übertragen und ausschneiden. Die Ränder mit gestrichelten Linien betonen. Für den Ortsnamen Briefmarken in der Anzahl der Buchstaben ausstanzen und die Rub-ons mit einem Eisstiel darauf rubbeln.
3. Die Wörter „für eine" und „Reise" von Hand schreiben. In die Etikettenhalter stecken und mit Mini-Brads oder Nägeln befestigen. Alles andere festkleben.
4. Die Fotos auf Stoff ausdrucken. Dazu ein Stoffstück mit wieder ablösbarem Kleber (z. B. Foto-Klebe-Pads) auf Karton kleben und durch einen Laserdrucker lassen. Dann den Stoff vom Karton lösen und mit der Nähmaschine mit geradem Stich einen Rand nähen.
5. Den Stoff leicht schief aufkleben. Zu einer Reise passende Begriffe aus dem entsprechenden Papier ausschneiden bzw. reißen. Diese versetzt an geeigneten Stellen aufkleben. Die Anhänger mit dem Stempelkissen einfärben und die kleinen Verzierungen aufkleben. Bänder durch die Anhänger fädeln und die Anhänger aufkleben.

Foto-Tipp:
Fotografieren Sie beim Städteurlaub Folgendes (neben den üblichen Sightseeing-Schauplätzen): stille Ecken, Architektur-Details, Kulinarisches, die Touristenschlange, die U-Bahn-Station, Ihr Gepäck und Ihre Einkäufe ...

GUTSCHEIN
für eine
Paris
Reise
YMPUS TRIP 35

Unvergesslicher Urlaub

Eine Reise durch die weiten Nationalparks der USA ist ein Traum für Naturliebhaber. Meine Schwester und meine Eltern haben sich diesen Wunsch erfüllt – und kamen mit einigen hundert Bildern zurück. Meine Schwester scrapbookt heute noch …

Bordürenlocher (Border Punches) sind Motivlocher, mit denen sich schöne Randmuster stanzen lassen. Sie lassen sich in der Regel hintereinander ansetzen, um eine durchgehende Borte zu erhalten.

Mini-Album USA-Urlaub

von Maleika Basler

Material: *Mini-Album mit Schraubbindung (im Fachhandel); Karton in Hellblau und Braun; Architektenpapier in Weiß; Bordürenlocher (von Fiskars); Motivlocher „Ginkoblatt"; Anhänger, rund (von Making Memories); Öse; Ösenwerkzeug*

So wird's gemacht:

1. Das Papier auf die Größe der Seiten zuschneiden. Die Ränder mit dem Bordürenlocher bearbeiten und auf die weißen Seiten kleben.
2. Dann das Architektenpapier zuschneiden. Den Text auf dem Computer schreiben und auf Architektenpapier ausdrucken. Die Ginkoblätter einstanzen und die ganze Seite rechts mit Ösen befestigen.
3. Zwei Fotos mit braunem Karton hinterlegen und aufkleben. Auf den Anhänger den Ortsnamen schreiben, mit einer Öse verzieren und aufkleben. Aus Papierresten Ginkoblätter ausstanzen und auf den Seiten verteilen.

Wildlife in Amerika

von Maleika Basler

Material: *Karton in Braun und Blau; Kartonreste in Weiß, Beige, Blau und Braun; gemustertes Fotopapier (von Wübie); Quadratstanzer; Motivlocher „Ahornblatt"; Motivlocher „Buchstaben" (alle von Fiskars); Tierknöpfe (von Efco)*

So wird's gemacht:

1. Das Fotopapier reißen und aufkleben. Die ausgewählten Tierfotos mit dem Quadratlocher ausstanzen und mit blauem Papier hinterlegen.
2. Die Fotos entsprechend beschriften und drei auf die linke, zwei auf die rechte Seite kleben. In der Mitte Platz für den senkrechten Schriftzug lassen.
3. Für den Titel Buchstaben aus hellem Papier stanzen. Für die horizontal geschriebenen Worte verschiedenfarbiges Papier verwenden. Letztere auf einen weißen Kartonstreifen kleben.
4. Zuletzt die Tierknöpfe dekorativ auf der Seite verteilt aufkleben.

Upper Fall

von Maleika Basler

Material: *Karton in Dunkelgrün, Beige, Braun und Weiß; gemustertes Fotopapier (von Wübie); Eckenstanzer; Quadratstanzer; Motivlocher „Ahornblatt" und „Ginkoblatt"; Anhänger in Beige; Kieselsteine (von Making Memories); eckige Ösen in Weiß; Ösenwerkzeug; Computerschrift: „Bambino"*

So wird's gemacht:

1. Alle Fotos mit hellem Karton umrahmen. Zwei der Rahmen mit dem Eckenstanzer bearbeiten und die Fotos nur einstecken.
2. Die Ecken des Fotopapiers stanzen. Den grünen Karton kleiner zuschneiden und einstecken. Den Karton zusätzlich festkleben. Die Fotos schief auf die Kartonseite setzen. Ahornblätter ausstanzen, auf Papierreste kleben und diese auf kleinen gestanzten Quadraten befestigen.
3. Die kleinen Quadrate schief auf größere, aus dunklem Karton gestanzte Quadrate kleben. Dabei den ersten Buchstaben mit einem Kieselstein schmücken, noch einige Blätter ausstanzen und ebenfalls fixieren. Weitere Kieselsteine dekorativ verteilen.
4. Für den Anhänger weißen Karton handschriftlich mit dem Titel der Seite versehen. Den Karton zuschneiden und auf den Anhänger kleben. Mit Ahornblättern und einer Öse verzieren.

Benutzen Sie die Reste einer Scrapbookingseite zum Kartenbasteln. Karten werden immer gebraucht und es schadet nicht, wenn man ein paar in der Schublade hat. Vom Scrapbooking hat man immer viel Material übrig, das gut zusammenpasst. Kartenbasteln geht dann noch schneller und sieht super aus – und irgendwann freut sich jemand über die persönliche, handgemachte Karte!

Glossar

Hier finden Sie noch einmal Techniken und Grundbegriffe, mit denen im Buch gearbeitet wird. Natürlich ohne Anspruch auf Vollständigkeit – Scrapbooking ist immer im Wandel und erfindet sich mit jedem Scrapbooker neu!

Borten/Bordüren (engl. Borders)
Mit Borten und Bordüren werden die Ränder eines Layouts verziert. Meistens läuft eine Borte unten über die gesamte Doppelseite oder an beiden Rändern des Layouts entlang. Borten können aus verschiedenen Materialien (Papier, Bänder, Schnüre, Sticker etc.), Farben und Formen bestehen. Gut geeignet sind auch fertige Tapeten-Borten, die es inzwischen in jedem Baumarkt gibt.

Crop (engl. Ernte)
Crop ist die englische Bezeichnung für Scrapbooking-Kurse und Wochenend-Seminare (mehr Infos z. B. unter www.living-memories.de – hier biete ich auch Seminare an), bei dem Grundlagen und Techniken vermittelt, Erfahrungen ausgetauscht, Ideen gesammelt und vor allem gescrappt wird. Crops eignen sich auch wunderbar zum Tauschen von Materialien.

Elemente
Die verschiedenen Einzelteile einer Scrapbook-Seite werden als Elemente bezeichnet. Dazu gehören die Verzierungen, die verwendeten Papiersorten, Titel, Texte und natürlich die Fotos.

Erinnerungsstücke (engl. Memorabilia)
Erinnerungsstücke halten persönliche Erlebnisse lebendig. Das können Eintrittskarten sein, Haarlocken, Muscheln oder Briefe. Leider sind solche Erinnerungsstücke selten säurefrei, weswegen sie nur mit Vorsicht verarbeitet werden sollten. In sogenannten Memorabilia-Taschen (z. B. von Efco) sind sie jedoch ungefährlich und können so Ihre Fotos nicht zerstören.

Fotobearbeitungsprogramme
Im Zeitalter von Digitalkameras ist die Bearbeitung von Fotos am Computer fast selbstverständlich. Im Handumdrehen lassen sich zu dunkle Fotos aufhellen, Kontraste verschärfen, Farben ändern und Texte einfügen – und das ist erst der Anfang. Viele Anbieter bieten kostenlose Probier-Software an, welche zunächst getestet werden kann, bevor man diese für viel Geld kauft.

Fotoschablonen
Fotoschablonen sind aus Kunststoff und helfen beim perfekten Zuschneiden der Fotos. Neben den geometrischen Formen gibt es Fotoschablonen auch in unzähligen Formen wie z. B. Büchern, Blumen oder Schiffen.

Kalte Farben
Kalte Farben vermitteln dem Betrachter einer Scrapbook-Seite ein Gefühl von Objektivität und Frische. Zu den kalten Farben zählen alle Blau- und Grüntöne.

Layout
Als Layout wird der grafische Aufbau einer Scrapbook-Seite bezeichnet. Der Aufbau einer Seite ist die Anordnung der Papiersorten, Fotos und aller Verzierungen.

Metallbuchstaben einfärben
Mit Acrylfarbe (Marabu-Decormatt Acryl) lassen sich Metallbuchstaben farblich an die Scrapbook-Seite anpassen. Die Metallbuchstaben werden dazu mit Schmirgelpapier angeschliffen und anschließend regelmäßig oder unregelmäßig bemalt. Man kann auch einfach nur Farbe in die Vertiefung laufen lassen und den Rest abwischen, damit der Buchstabe besser lesbar ist.

Papier nähen
Papier lässt sich mit der Nähmaschine genauso gut, bzw. noch einfacher nähen wie Stoff, da Papier nicht verrutscht. Am besten geeignet ist eine Nadel für Jeans-Stoffe, die ausschließlich zum Scrappen benutzt werden sollte, da diese durch das Nähen von Papier leicht stumpf wird. Die Enden des Fadens können auf der Rückseite des Werkstückes festgeklebt werden.

Ränder einfärben
Für eine bestimmte Optik können die Ränder einer Scrapbook-Seite mit einem Stempelkissen, mit Kreide oder mit Acrylfarbe eingefärbt werden. Das gilt natürlich auch für einzelne Papierelemente. Unregelmäßig bearbeitet, entsteht dann z. B. ein angebranntes Blatt im Vintage-Stil. Färbungen eignen sich auch, um bestimmte Elemente oder Seitenbereiche hervorzuheben.

Reißen
Reißen ist eine beliebte Technik im Scrapbooking, wenn nicht alles so ganz gerade aussehen soll. Man kann von Hand reißen oder eine Reißschablone benutzen, die garantiert, dass trotzdem die gewünschte Form gewahrt bleibt. Gerissenes Papier passt gut auf Seiten im „Vintage"-Look und auf sehr grafischen Seiten.

Säurefreie Materialien (Acid Free)
Zum Schutz der Fotos ist es beim Scrapbooking wichtig, säurefreie Materialien zu verwenden. Säurefrei sind Stoffe, Bänder, Federn, Seidenblumen, Metall, Glas und Keramik. Mit einem Säureteststift lassen sich Materialien im Zweifelsfall schnell und sicher testen.

Säurehaltige Materialien
Säure und Lösungsmittel können Fotos stark beschädigen. Beides ist in den meisten herkömmlichen Papier- und Klebstoffsorten enthalten. Säurehaltig sind außerdem Holz, Naturpapiere, Naturmaterialien wie Blätter oder getrocknete Blumen, Leder, Münzen und Zeitungspapier.

Scrappen
Scrappen ist der Fachausdruck für die Arbeit an einem Scrapbook-Projekt.

Stil
Jeder Scrapbooker hat seine eigene kreative Art zu arbeiten: wie er seine Seiten aufbaut, welche Materialien und Farben er am liebsten verwendet. Das ist der Stil, der jede Arbeit unverwechselbar und persönlich macht. Man unterscheidet zwischen kindlichem, klarem, verspielten, romantischem, Vintage- oder zeitlosem Stil.

Tackern auf Keilrahmen
Der Tacker für das Scrappen ist nicht zu verwechseln mit dem herkömmlichen Bürotacker. Für das Scrappen wird eine größere Tacker-Variante aus dem Baumarkt verwendet, mit dem problemlos Materialien wie Stoffe, Folien und Holz befestigt werden können.

Text/Eintrag (engl. Journaling)
Der Text auf einer Seite beschreibt die dargestellt Situation oder das Ereignis. Er kann auch Emotionales wiedergeben. Ist ein Text sehr persönlich, kann er auf verschiedene Arten versteckt werden. Beispielsweise in einem Umschlag oder hinter einem aufklappbaren Foto.

Titel
Titel sind ein wichtiger Bestandteil einer Scrapbook-Arbeit, weil sie dem Betrachter auf den ersten Blick verraten, worum es auf der Seite geht. Titel können auf unterschiedlichste Weise verfasst werden: von Hand, auf dem Computer, mit Hilfe von Alphabet-Stickern, Metallbuchstaben oder aus einer Kombination der verschiedenen Möglichkeiten.

Überziehen eines Rahmens mit Papier
Das Überziehen eines Keilrahmens mit Papier funktioniert nach demselben Prinzip wie das Verpacken eines Geschenkes. Man lässt genügend Papier überstehen, schlägt es sauber über die Kanten des Rahmens und tackert das Papier auf der Rückseite des Keilrahmens fest.

Verzierungen (engl. Embellishments)
Zu den Verzierungen gehören alle Schmuckelemente, die der optischen Gestaltung einer Seite dienen. Verzierungen können aus unterschiedlichen Materialien bestehen, wie z. B. Metall, Stoff oder Kunststoff.

Vintage (engl. Jahrgang)
Der Begriff Vintage bezeichnet eine Stilrichtung, die Elemente einer vergangenen Epoche verwendet. Häufig werden hierbei Materialien künstlich in einen „gebrauchten" Zustand versetzt, z. B. durch das Bearbeiten mit Schmirgelpapier. Digitalfotos im Vintage-Stil lassen sich in jedem Fotogeschäft problemlos mit dem typischen Sepia-Ton alter Familienfotos entwickeln.

Warme Farben
Warme Farben vermitteln dem Betrachter einer Scrapbook-Seite ein Gefühl von Offenheit, Freude und Harmonie. Zu den warmen Farben gehören Gelb, Rot und Orange in allen Schattierungen.

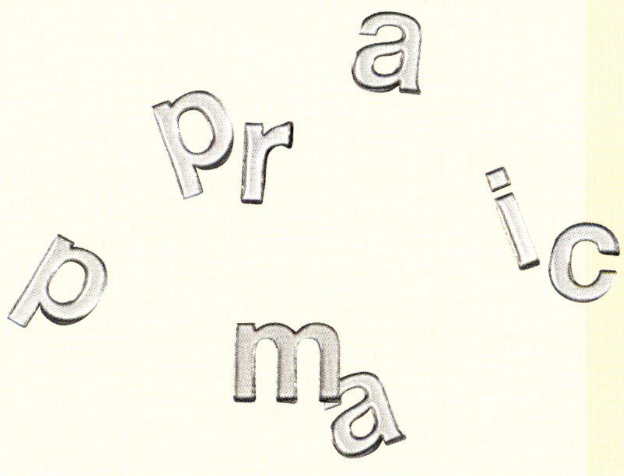

Impressum

Konzeption & Texte: Simea Gut

Ideen & Realisation: Maleika Basler, Anna Behringer, Simea Gut, Making Memories Design Team und Julia Wittek

Verbastelte Fotos: Maleika Basler, Simea Gut, Julia Wittek, FotoDuo (S. 34/35), Familie Gut, Familie Folk, Familie Basler, Familie Ferreira, Familie Wiens

Redaktion: Petra Hassler

Lektorat: Sandra-Kathrin Buck

Fotos: Hermann Mareth, außer Fotostudio Oswald (S. 10, 16–25, 40–43, 50/51, 54/55, 66/67), U. Glasermann, Uzwei (S. 27, 32, 36, 45, 49, 53, 58/59, 60, 73), Making Memories (S. 30/31, 38/39)

Styling: Karin Schlag, außer Fotostudio Oswald (S. 24/25, 40–43, 50/51, 54/55, 66/67)

Steps: Fotostudio Oswald, Styling Simea Gut

Umschlaggestaltung: Dirk Beestermöller

Layout und Produktion:
buchkonzept@web.de

Druck und Verarbeitung:
J. P. Himmer, Augsburg

ISBN-10: 3-89858-956-0

ISBN-13: 978-3-89858-956-7
(gültig ab 01. 01. 2007)

Dank

Ich danke den Firmen Kars (mit den Marken Making Memories, Basic Grey, K&Company, S.E.I., 7 gypsies, AccuCut, Déjà Views, Sissix, Wübie), Efco, Living Memories (www.living-memories.de), Scrapbook-Center (www.scrapbook-center.de), Paper Paradise (www.paper-paradise.de), Scrapbookshop (www.scrapbookshop.de), Rayher und KnorrPrandell für die freundliche Unterstützung und Bereitstellung von Material.

Mein Dank gilt aber vor allem wieder meinem Mann, der – ganz unüblich – meine kreative Arbeit unterstützt und bewundert und mir immer wieder den Rücken frei hält. Meiner Tochter Lia-Madita, die mir noch mehr Grund gibt zu scrapbooken. Meinen kreativen Freundinnen Julia Wittek und Maleika Basler, die mich inspirieren. Meinen Kursteilnehmern, die mich ermutigen. My American friends who bring me stuff. Und all den Menschen, die mir immer wieder ihre Fotos zur Verfügung stellen. Ihr macht mir so etwas möglich! Danke.